Rethinking
Reconstructing
Reproducing

*

———

"精神译丛"
在汉语的国土
展望世界
致力于
当代精神生活的
反思、重建与再生产

———

*

La chair des mots
Politiques de l'écriture

Jacques Rancière

精神译丛·徐晔 陈越 主编

[法]雅克·朗西埃 著 朱康 朱羽 黄锐杰 译

词语的肉身：书写的政治

西北大学出版社

雅克·朗西埃

photo copyright © Éditions Galilée

目 录

言词的出离 / 1

第一编 诗的政治 / 13
    第一章 从华兹华斯到曼德尔斯塔姆：自由的转输 / 15
    第二章 兰波：声音与躯体 / 66

第二编 小说的神学 / 107
    第一章 文字的躯体：圣经、史诗、小说 / 109
    第二章 巴尔扎克与书的岛屿 / 140
    第三章 普鲁斯特：战争、真理、书 / 167

第三编 哲学家的文学 / 189
    第一章 阿尔都塞、堂吉诃德与文本的舞台 / 191
    第二章 德勒兹、巴特比与文学表述 / 215

人名索引 / 243

译后记 / 249

言词的出离①

Les sorties du Verbe

①原文标题为«Les sorties du Verbe»。sortie 在法文中义项甚多,有"离开""外出""散场""出口""流出"以及戏剧里人物的"下场"、军事上的"突围"等义,朗西埃在本书中利用它的多义性将多领域的现象联系在一起展开了诸多讨论。Charlotte Mandell 的英译本将本标题中的 sorties 翻译为 excursions。译者在这里将它翻译为"出离"并在下文中尽量保持这一译法,在不得不用其他义项翻译时将加注法文原文。——译注

"太初有言。"(Au commencement était le Verbe.)①令人觉得难解的不是这一太初/开头(le commencement),不是[开头里]②对言即上帝及言成肉身(incarnation)③的肯定。令人觉得难解的是终末/结尾(la fin)。这并不是因为《约翰福音》遗失了结尾,而是因为它有两个结尾,每一个结尾都宣称有无穷多的事情要述说,有无穷多的神迹(signes)要揭示,都要证明**言**的确变成了肉身。可能已经有批评指出:《约翰福音》的第二个结尾不足凭信。这个结尾用一种粗糙的手法,一种古怪而又生动、通俗的音调,讲述了耶稣在提比哩亚(Tibériade)的一次新的示现(apparition),一次新的奇迹性的捕鱼[事件]:彼得潜进湖中以求重返救世主门下,而救世主现身在岸上,使徒们发现岸上有一小堆篝火,这篝火既是烤鱼的炭火,同时又是降入世界的**光**。在离开这本书的时

---

① 此为《新约·约翰福音》的开篇第一句话。本译本一般把 Verbe 译为"言",把 verbe 译为"言词"。——译注
② 此为汉译时为使行文顺畅所增加的话,加方括号以示区分。下同。——译注
③ Incarnation,一般译为"道成肉身",在表示过程时,本书译为"言成肉身",或"化成肉身",在表示结果时,译为"化身",以与 chair(肉身)相区分。与之相应,incarné,译为"化成肉身的"或"肉身的",Verbe incarné,译为"化成肉身的言"或"肉身之言"(在一般神学著作中,往往译为"成肉身的道")。——译注

刻，作者仿佛不得不把肉身之**言**（Verbe incarné）①的宏大故事，全都讲成人们日常劳作的细枝末节。又仿佛作者不得不把见证人，肉身之**言**的见证人转化为神圣的书写者（écrivain），把**经文**（Écritures）转化为书写（écriture），把书写转化为作为其终点的世界。对应着三声鸡鸣，同一个关于耶稣的问题三次问向彼得，这使彼得成为教会头领具有了正当性，而后这一文本在结尾处表明，文本的编纂者实际上是耶稣选中的那位门徒②，他讲述着**言**之化身的诸般行绩（faits）。那些批评可能是有道理的：这番论证很明显是后来添加上去的。但重要之处恰恰在于，这段附文是必要的，第二个结尾展现了第一个结尾的逻辑，并把它的象征性功能转换成了一种散文化叙事，而第一个结尾直接要求第二个结尾：一定要把**书**（Livre）③的主体转化为故事的叙述人，要把书（livre）投射向现实，而这一现实并非书所谈论的对象，相反，书在这一现实之中，并必须成为其中的一个行为（acte），一种生活的力量（puissance）。

这样，在向化成肉身的**言**（Verbe fait chair）告别而将他的书传入世界的时刻，在交由书写独自言说**经文**之所说的时刻，断裂便被标示了出来。然而，这个卓绝的**书**的范例，这部关于化成肉身之**言**的书，这个返转至开头的结尾，这两部彼此拢合的圣约（testa-

---

① 化成肉身之言（或用一般的神学语言，成了肉身的道），就是耶稣。——译注
② 这位门徒就是耶稣的见证人，他是耶稣在世界中的行绩的记录者。——译注
③ Bible 一词来自于希腊语 biblos，意为"那书"（le Livre）。——译注

ments),培育了整个思考与书写的传统:诸民族或全人类的浪漫的圣经(bibles),我们这个世纪取法自相绕合的圆环游戏而精巧构建的书。有多少书曾梦想着遵循这一叠合的样式,有多少书被创作出来只为了它们最末的句子,为了它用起始的句子所造就的光辉的韵律!但是,太过轻信自身闭合之书的能效将在另一形式下遭遇结尾的悖论。真正困难的不是终止一本书。设置下难题的不是最末的句子,而是与末句相邻的前一句。已获完成的书必须投身其中的不是虚空(le vide),而是将书与其结尾分隔并使这一结尾能够到来的间隔(l'espace)。作为报纸连载小说的作者,巴尔扎克已为《乡村教士》(Le curé de vilage)写下了结尾。然而作为长篇小说家,巴尔扎克要抵获那一结尾,将需要两年的时间,两百多页的篇幅。在1908年,《重现的时光》(Temps retrouvé)①的结语同时被构思为《在斯万家那边》(Du cote de chez Swann)②的开头。无疑,有很多次,普鲁斯特都在图书馆里修改"永恒的爱慕"(Adoration perpétuelle),在沙龙里修改紧随其后的一篇"上流舞会"(Bal de têtes)③。但是,在通向那里的道路上,出现了一段陌生的路程。小说家没有料到,一场战争不期而至,并且,他要补充150多页书稿,才能到达那一结尾,到达这本书由之开始的地方。间隔把韦萝妮克·格拉斯兰(Véronique Graslin)④与她的死亡分隔

---

① 普鲁斯特《追忆似水年华》(又译"追寻逝去的时光")的最后一部。——译注
② 普鲁斯特《追忆似水年华》的第一部。——译注
③《追忆似水年华》第七部《重现的时光》的两个片段。——译注
④ 巴尔扎克《乡村教士》中的人物。——译注

开来,抑或把普鲁斯特的叙述人与启示分隔开来,在这一间隔之中,令人恐慌的不是虚空,而是如我们将要看到的那样,是过剩所产生的风险,是能够褫夺书的脆弱真理的一个化成肉身的真理所带来的冲击。

因此就有一场奇特的游戏,展开于词语(mots)与它们的躯体(corps)之间。自柏拉图与《克拉底鲁篇》(*Cratyle*)以来,人们久已听闻:词语与它们所言说的东西并无相似之处。这是思想的代价。它首先要做的就是拒斥这种相似性。但是,由于把这一相似性等同于诗的谎言,柏拉图赋予自己的就是一个太过容易的任务。因为,诗歌(la poésie)与虚构(la fiction)具有相同的需求。这正是马拉美所说的,一个业余语文学家在用诗人的严谨校正他自己的克拉底鲁式幻想。如果不是机运使"夜晚"(nuit)[这一词语]发出清亮的声响,使"白日"(jour)[这一词语]具有阴沉的音色,那么韵文(vers)就不会存在:韵文补偿了语言(langues)的不足,在一切花束中它只擢升不在场的花朵。

现代诗从古代哲学那里继承了对于[上述]这种相似性的责难,但不正是这种责难自身,太快地放过了这一问题吗? 因为,有许多种模仿(imiter)的方式,有许多种可能相似的事物。词语可以通过很多扇门走向非词语的东西,当人们说,语音与意义并不相似,或者,语句与世界中的客体并不相似,他们关上的只是其中最显而易见的几扇,也是其中最不必要的几扇。因为,词语不是通过描写获得它们的力量的:而是通过命名、通过召唤、通过命令、通过谋划、通过引诱,它们才割裂了实存之物的自然性,使人类踏上他们的道路,使他们相互分隔,结合为不同的共同体。除了它的意义或指称物(référent),词(mot)还要模仿许多其他的事情:把它带向实存的言语(parole)的力量、生命的运动、致信(adresse)的姿态、预期的效果,以及受信者(le destinataire)——它预先就在摹仿(mime)着他的收听与阅读:"拿着,读!""读者,扔掉那本书!"如果说绘画式的相似遭到了抨击,那难道不是因为它把一切运动都固定在了一个单一的平面吗?这就是[柏拉图的]《斐德罗篇》(*Phèdre*)中的批评最后讲述给我们的内容,当它抨击说,书写的无声的文字(lettres)所表现(présenté)的,只是对**逻各斯**的徒然的描画。问题并不是相似性不忠实,而是它太忠实了,当它已该去往别处,靠近必须谈论被言说之物的意义的地方,它却仍然固守着被言说之物。被书写的文字就像一幅无声的画,它在自身躯体上所保持的那些运动,激发了逻各斯的活力,并把它带向了它的目的地。死文字喋喋不休的沉默阻碍了各式各样的力量,而借由这些力量,**逻各斯**创立了它的戏剧,自己模仿自己,只为实现[人世]生活的言语,走遍其致信的路径,变成适于在[耶稣]那位门徒的灵魂中结出果实的种子。整个《斐德罗篇》的文本都不过是在展示书写所运用的种种幻术,借助于它们,书写在对活的言语的摹仿中,在对正在行进的言语的摹仿中超出了自身,历尽了一切正在运动的话语的形象:游荡、对话、争辩、戏仿、神话、圣言、祈祷。

    这就是这里将要加以追问的戏剧,是文本化成肉身、赋予自身以躯体的这样一种方式,文本以此来躲避被抛入世界的文字的命运,来摹仿它自身在两个场所之间的运动,一个是它由之而来的思想的场所、精神的场所、生活的场所,另一个是它所走向的场所:一个人类的剧场,在那里言语化成了行动,占有了灵魂,带来了躯体与躯体行进的韵律。这将是一个关于高级模仿的问题,言语想要通过这种高级模仿来躲避模仿的欺瞒术。由苏格拉底与斐德罗的行走(la marche)所开启的戏剧,的确就是言词出离(sorties)的戏剧。不过出离有好有坏。坏的方面,一个典型的例子是堂吉诃德的那些灾难性的"出离",这个男人想要使书(le livre)获得完成,他认为这意味着要在现实中重新找到书的相似物。然而也有好的出离,它们不愿[像堂吉诃德那样]向着意象猛冲而被碎身于[书与现实之间的]墙壁,因而致力于消除与摹仿的幻术相关联的这样一种分隔物。这样,重要的就是像柏拉图那样,在词语与相似性之下重新发现一种力量,通过它,词语开始行进(marche)并生成为行为。也正因此,当阅读塞万提斯之际,青年华兹华斯梦想着有一个世界,在那里,精神能够将自身铭刻于它自己的居所,铭刻在一个最接近它本性的地方。但是,如果说他有一个这样的梦,这当然是因为他是法国大革命的同时代人,大革命宣称,对于自由、平等或者祖国等这样几个古老的词语,要恢复它们原初的力量,以把它们变成前进中的人民的歌。关于随大革命而起的这一个梦,兰波所提供的是一个最为炫目的版本:这是一个诗歌的梦,它回响着"新的和声",它的脚步使"新的人一跃而起,起步前进"(《彩画集》,《致一种理性》)。① 但由此也引发了诗歌与其自身的冲突。它显示了自身的自由,它的确把自己与世界散文隔离开来,只是它要付出这样的代价:在躯体走向**精神王国**或新人王国,走向灵魂与躯体——而躯体在此丧失了自身——所拥有的真理的道路上,诗歌变成了一种类似于躯体音乐

---

① 中译见兰波:《彩画集》,王道乾译,上海:上海译文出版社,2012:86.——译注

的东西。此时它的工作就是摆脱自己的乌托邦,为此它冒着舍弃言语的风险,这就像兰波把钥匙放在门下,或者像曼德尔斯塔姆,把自己变成对就要说出的"词的遗忘"。

由此可以确定文学、哲学与政治之间的独特关系,而阿尔都塞和德勒兹就是这一关系的见证人。阿尔都塞作为哲学家想要揭穿"**书**的宗教神话",把思想独有的真实(le réel)与一切"生活的现实"(réalité vécue)隔离开来。这一关注点似乎完全符合他作为共产主义知识分子的严谨:忧虑于如何摆脱堂吉诃德式的美好灵魂的命运。但恰恰就是这种接合(conjonction)包含着断裂,它把戏剧与戏剧中的退场(sortie)设定为文本向现实过渡的模型,同时它创立了一种书写的演剧术(dramaturgie),在这种演剧术中,印刷的手段将苏格拉底及其门徒的运动颠倒为他们话语的预期效果。至于德勒兹,他把自己的整个哲学都变成了对思想的摹仿性形象的否定,而这一形象的父亲是柏拉图,这位对坏的**摹仿**(*mimèsis*)发出抨击的人。德勒兹对文学作品的分析将表述(la formule)的纯粹物质的力量同再现(représentation)的幻象进行了对比。但确切地说,表述同时是两种东西:它既是纯粹的语-言(langage)①游戏,又是打开众门的咒语(le mot magique)。不过,

---

① 法语中的 langage、langue 在中文的现有语汇中难以同时找到两个明确对应的词语。高名凯在翻译索绪尔(Ferdinand de Saussure)的《普通语言学教程》(商务印书馆,1999)时,将 langage 翻译为"言语活动",将 langue 翻译为"语言"。在罗兰·巴特(Roland Barthes)的《符号学原理》的两个中文译本中,李幼蒸将 langage 翻译为"语言",将 langue 翻译为"语言结构"(三联书店,1988);王东亮等将 langage 与 langue 都翻译为"语言",在需要着力区分时,

同阿尔都塞一样，德勒兹委托给文学去打开的门，是未来人民（un peuple à venir）的门。因此巴特比（Bartleby）这个男人－表述（l'homme-formule），就变成了父之子（filiation）的神话学形象，最终他把自己看作是位居其他一切之上的中保（médiateur），是打开兰波所说的"古代地狱"之门的那个人，是言之子或化成肉身的**言**，是"基督或者我们一切人的兄弟"。

就此来看，文学与哲学各自与政治之间的关联似乎运行在正好相反的面向上。哲学想要让自身的言语隔离于一切摹仿的幻术，让自身的效力远离一切"文学的"空虚，为此它只能同文学用以摹仿言词化身的那些最为激进的形式相结合。我们的时代常常用文学的智慧对比于哲学的疯愚的纡行，将词语的孤独及它们遇合的纯粹偶然性分隔于言成肉身的哲学与政治幻象。但文学的智慧并不关乎对语－言属性的某种更为本源的（originaire）看法，也不关乎对言词的共同体式的化身的某种更为清明的观点。倒不如说，它是一种在其存在中坚持的逻辑。只有词语脱离一切可以体现（incarnerait）其力量的躯体，文学才能够存活。只有挫败它不断使之重新启动的言成肉身的活动（l'incarnation），文学才能够存活。这就是巴尔扎克所遇到的悖论，那时他在一部小说（ro-

---

langage 仍译为"语言"，langue 译为"语""语言之语"（三联书店，1999）。这两个概念 langage、langue 之间的关系，用罗兰・巴特的话说："语言之语（Langue）等于说丛语言（Langage）中减去言（Parole）。"（罗兰・巴特：《符号学原理》，王东亮等译，北京：三联书店，1999:2.）综合他们的译法，为了区分，本书将 langue 译为"语言"，将 langage 译为"语－言"，虽然在一个汉语词中间加一个连词符有些古怪，但这样在翻译 langage 和别的词语组成的短语时可以有相对自由的选择。——译注

mans)中声讨了小说所造就的恶,而同时他发现,解决恶的问题的唯一办法——"好的"写作(la «bonne» écriture),迫使小说家陷入了沉默。这个悖论在普鲁斯特那里得到了解决,那时他在处在战争中的民族的史诗里,遭遇了化成肉身之真理的激进形象。对于这一化成了肉身的真理,这一使其真理摆脱了虚构(la fiction)的真理,普鲁斯特回应以渎圣的激情,这种激情不仅把耽美的查吕斯(Charlus),而且把负载着词语从而通过变成活的肉身来自我确证的**精神**本身,都钉牢在"单纯物质的岩石"上。而当然,这场最后的斗争,把话语和虚构的真理还给话语和虚构,它自身总是要重新开始。① 与一切虚无主义的智慧相反,我们坚持认为,这是它的代价。

---

① 我已对文学同其自身的理念之间的复杂关系做了研究,见《沉默的言语:论文学的矛盾》(*La parole muette. Essai sur les contradictions de la literature*),Paris,Hachette,1998。

第一编

诗的政治

Politiques du poème

第一章
从华兹华斯到曼德尔斯塔姆：自由的转输

在"诗人的政治"这一标题之下①,我们要谈论的并不是这个诗人或那个诗人政治上的意见、经历或介入,也不是对于这个作品或那个作品的接受或政治解释。引发我们兴趣的是如下这一问题:是怎样的一种本质上的必要性将诗歌之言述(l'éconciation)的现代立场与政治主体性的现代立场联系在一起呢？让我们从一个简单的例子开始,这一例子取自英语中最著名的诗作——华兹华斯的《水仙》:尽管诗人的政治意见已被证明反复无常,水仙已被证明与政治漠不相关,呈现在诗中的这个**我**(Je),"**我独自漫游,如一朵云**"(I wandered lonely as a cloud)②的这个**我**(I),还是同革命主体性的历史相关联,它是如何同后者关联起来的呢？

当然,这个简单的例子并不简单。这个孤独的漫步者(promeneur),已成为文学主体性与现代政治学的一个已确立的

---

①作者在这里说标题是 Politiques du poètes,但第一部分标题是 Politiques du poème。——译注
②原文为英文。——译注

形象。这个**我**,在这一诗作中得到认同的这个**我**,有一个公开宣言的"我"作为其对应者(doublure):这就是 1802 年的《抒情歌谣集》(Lyrical Ballads)序言,在这里,华兹华斯为整个时代宣布并定义了一场关于诗歌书写的主体革命。但是,抒情的解放(l'émancipation du lyrisme)不能只是拂去陈规旧矩的尘土,抖落习语常言的浮华。它首先关心的并不是诗的对象,也不是赋予诗人的才能。它首先关心的是诗的主体,是抒情性言述的**我**。解放抒情(Émanciper le lyrisme),就是把这个**我**从某种书写的政治中解脱(libérer)出来。因为区别诗歌文类(genres poétiques)、诗类自身的规则及它们各自的位阶的那些古代正典(canons)显然都是政治性的。由此可以提出的问题是:新的政治经验形式,不是必然会把抒情主体从旧的诗歌-政治框架中解放出来吗?

抒情的位置

这里所提出的问题与一场讨论相呼应,而对于现代诗歌思考来说,这场讨论已经证明具有决定性的意义:它所处理的是文类划分的起源与确切涵义的问题。我们知道,很多当代作家都曾考问过戏剧体(tragique)、叙事体(épique)和抒情体(lyrique)的三分法,考问过这一三元组在浪漫主义时期被建构的——完全是回溯出来的——方式,考问过它的虚假的世系,这一世系试图归向柏拉图的《理想国》和亚里士多德的《诗学》所作的分类。这些作家观察到,抒情体在亚里士多德那里是缺失的,在柏拉图那里倒可以看到,只是必须把它等同于《理想国》第三卷所说的"简单的叙述",在那里这一点被当作酒神曲的特性。他们注意到,那些被后人作为希腊抒情诗的典范而向之致敬的作品,例如萨福(Sapho)

或品达(Pindare)的作品,在这两位哲学家的分类中没有位置。在柏拉图与亚里士多德那里,不同诗歌类型之间的所作的分类,实际上依据的是两条分界线,但这两条分界线,既并没有界定"文类",也没有认识到,抒情体是根据相关特性而分化出的一个类别。这两条分界线,第一条是被再现者的本性(la nature du représenté),第二条是言述的样式。①

被再现者的本性是诗所再现的人物的特质(qualité):他们的身份拥有的多少有些被抬高的地位;他们的行为同这一地位之间的相符或不相符。基于此,当史诗虚假地再现诸神,或当悲剧表现(présente)的是被激情撕裂、悲苦地哀叹其境遇的英雄,柏拉图对它们发出了抨击。也正是从这一观点出发——在不那么道德化、分类更为冷静的语域(registre)里——亚里士多德在悲剧、史诗与喜剧、闹剧(parodie)之间作了区分,前二者再现的是高贵的人物,后二者再现的是普通的民众(gens)。言述——即柏拉图所说的 lexis——的样式是主体/诗人同诗的主体建立关联的方式,诗人或认同于他,或分化于他,或隐身于他的背后。正是在这一基础上,柏拉图作出了以下区分:悲剧充斥着欺骗性的**摹仿**(mimesis),它将自己的话语授予舞台上的人物;酒神曲包含着纯粹假想但并非欺骗的叙述;而**摹仿**与叙述的混合则为史诗所特有,在史诗中诗人有时以他自己的名义讲故事,有时摹仿他的人物的言语。

---

① 关于这一问题的讨论,尤请参看 Gerard Genette:《原文本导论》(Introduction a l'architexte), Paris: Le Seuil, 1979.

因此,诗的地位的问题,首先不是文类划分的问题。诗的"特质"并不是通过属加种差[的办法]来加以界定的。它依赖于以下两种方式的结合:一是言谈(parler)方式——一种设置或取消诗人之**我**的方式;二是对人予以"得体地"(comme il faut)再现或非再现的方式,在这里"得体地"这一表达具有双重含义:一是人们适如他们所应该是的样子,二是被再现的人适如对他们的再现。柏拉图式的概念化思考提出了一个影响深远的忠告,即:纯粹的诗是不存在的。诗歌是一种创作寓言(fables)的艺术,这些寓言再现了性格并作用于性格。因此诗歌属于一种感性的政治体验:属于城邦**法则**(*nomoi*)(不仅是具有支配性的法律,还包括被传唱的歌谣)与公民**气质**(*ethos*)(不仅是他们的性格,还包括他们的性情)之间的关联。从一开始,诗的就是政治的。它之所以具有这样的性质,是由于两个元素的接合:一个是一定的人格类型——他是否应该被模仿,另一个是一定的言述立场(position)——它能否适应城邦自身必有的**声调**(*ton*)。

现在让我们看看,为什么抒情诗不必列入这一[理论]图式。这一图式中的诗歌形式,之所以能够被区分与清数,是因为它们将一定类型的言述(*lexis*)同一定类型的再现作了结合。抒情的位置在这一图式中是一个空虚的位置,是非-能指的(in-signifiante)①或无妨害的诗歌的位置,因为它是非再现性的,因为它既没有设置也没有隐藏诗人主体(le sujet poète)与诗作主体(le sujet du poème)之间的距离。抒情诗的独一无二的**我**,不会给共同体

---

① insignifiante,毫无价值的,微不足道的。朗西埃在这个词中间加了连词符,而 signifiant,即索绪尔语言学中的"能指"。——译注

的**我们**(nous)带来什么难题,而悲剧却用言述(lexis)的伎俩分裂了"我们",史诗则通过情节(muthos)的捏造腐蚀了"我们"。好诗就像是这样一种非诗:它既不会编造任何谎言,也不会分裂任何主体。

再让我们看看,为什么现代性会再次提出抒情问题(并最终为它发明了一个谱系):一方面,现代诗歌完全投注于非再现性的诗歌所拥有的那个"空虚的"位置,因而,面对再现/言述的纽结所生成的哲学-政治的控制,现代诗歌试图挑战一切效忠于这一控制的行为。但是,这种太过简单的对立倾向,可能会抵消另一种形式的"效忠"或政治隶属关系;可能会预设同时又否定现代革命时期独有的一种关于诗歌的政治经验。这一经验可被看作是对古代诗歌-政治机制(dispositif)的三个要素之间关系的重组,这三个要素是:再现的地位,高贵与低贱的对立,诗人主体与诗作主体的关系。因此,可以认为,现代抒情首先不是自我(soi)的经验或者对自然或感性(sensibilité)的发现,而是新型的感性的政治经验或政治的感性经验。

简而言之,我们可以说:现代抒情革命并不是一种体验自我本身的方式,不是体会内在生活深处的方式,或者,从反面来说,不是将内在生活沉没于自然深处的方式。它首先是一种特殊的言述样式,一种为伴和(accompagner)[①]其言说(dit)的方式,一种将言说展布于知觉空间的方式,一种赋予言说以行进、旅行、泅渡

[①] accompagner,在法语中有"伴奏""陪伴""随附"等义,朗西埃在利用它的多义性展开相关讨论。为近似表达这种多义性,这里用"伴和"一词来对译 accompagner 及其变位形式。——译注

的步调的方式。风、云、小径或者波浪,在浪漫主义诗歌中占据着众所周知的位置,它们首先不是一种沉醉于野性自然的经验;它们首先是伴和的操作符——这些操作符允许**我**沿着整首诗逐渐滑脱,直到使它自己变成**水仙**"亲身"示现的空间。

伴和意味着以下几件事情:首先,抒情问题出现于这一时刻:诗歌意识到它自身就是为自身伴和的行为,是**我**同其言说(不管这首诗是否使用了第一人称)共存能力,也就是说,是诗人所采用的一种特定方式,他以此建构自我,建构自己的同胞,建构自己的兄弟,建构波德莱尔所说的"虚伪的"读者:他独自一人在回音室里唱着自己的歌。但是,伴和着诗的这个**我**,应和着其行为而产生的这个**我**,同时还是一位在特定疆土游历的旅行者的主体,而正是这个**我**,使得词语与事物,言述与视景(visions)达到了契合,使得这段行程(parcours)涉及某种与共同体的**我们**之间的关系。在**我独自漫游,如一朵云**中的**我**(*I*)与**让我们前进,祖国的孩子们!**① 中的第一人称复数,有一种本质性的关系:不仅这两个关于行进(marche)的故事,这两支队伍——爱国者的队伍与水仙花的队伍彼此相似,而且,这一关系还影响了诗人的"我"与诗作中的云之间相关联的方式,它们之间的关联依托于**如**(as, comme)所导出的隐喻,依托于**如**所导出的这一个自我取消的隐喻,这一隐喻完全不同于**摹仿**的**好像**(comme si)。**我**与云的关系脱离了一切摹仿性的虚构行为。隐喻的功能同其词源学涵义正好是一致的:这

---

① 这是《马赛曲》的开头一句。——译注

是转输(transport)的功能①——尽管这意味着,这一功能会根据不同的情形发生改变,它或者作为单纯的伴和,把主体连接向他的云彩,或者作为爱国心的转输,将孩子关联于他们的新母亲。

所以,言述的伴和与作为转输的隐喻这一难题是彼此勾连的。为抒情诗所独有的主观化、形象化方法渐渐被移植到别的形象化、主观化方法之上,就后者而言,革命时期的政治也采用了新的形象:例如,民族(la nation)的地理学再现与象征性再现,旅行者——特别是徒步旅行者——的疆域性的行程,用速写与速写簿完成的视景实践……为抒情诗所专有的主观性意味着,在视景与词语的重合中,身体取代了风景,它把这片疆域建构成了书写的空间。正是这种疆域化的做法,这种将意义(sens)在场化的做法,对诗歌政治的旧有模式造成了双重削弱:一方面,它抑制了**摹仿**所造成的距离;另一方面,它废除了高与低、贵与贱之间的一切区分。它为诗人创造了一种可能性,即摆脱再现的责任,"如一朵云"一样随众多的云彩漫游。在威廉·华兹华斯长达8000行的长诗《序曲》的第31行,这种可能性被言述为这样一个名词:**珍贵的自由**(*Dear Liberty*),它原本是法国的政治口号 *Liberté chérie*[珍贵的自由],在英语中它有了一个诗体的译文。

因此我将探讨下述假设:自由塑造了现代的诗歌革命,它被诗人用作伴和其言说的方式。在这里,伴和为自身设定的可能性条件是新的关于感性的政治体验,是现代革命时期的政治所拥有的一种新方式,它把政治变成了感性的政治,同时它影响着公民

---

① 隐喻(metaphor)来自希腊语 metaphorain, meta 意思是"从一边到另一边", pherain 意思是"输导""运载"或"变换"。——译注

的**气质**(*ethos*)。因为现代时期的政治所栖身的场所,对于柏拉图或亚里士多德来说是无意义的场所、非再现的场所。政治再现的现代机制(Le dispositif moderne de la représentation politique)基于作为其前导的非再现的形象化,基于意义(sens)在感性(le sensible)中的直接可见性。因此,这种诗歌-政治关系的基轴并不在于言述的"真理"对被再现之物"品质"的依赖,而在于表现(presentation)的方式,在于言述使自身在场的方式,在这种方式中,言述强调的是对感性中的直接涵义(significance)的认知。

抒情是一种感性的政治经验,也是一种论辩经验,这一经验具有双重意义。首先,抒情是一种书写形式,它知道它必须面对关于政治的感性书写,必须面对政治在感性表现的秩序中可直接构成形象的性质,因此它面临着某种政治性的**转输**(*transport*)并且不得不背弃之。现代诗歌革命检验着它与政治转输之间的同源关系,体验着必然的偏至所带来的张力。对于使词语与事物分离又将之统一起来的交界线,现代诗歌革命检验着重新切分、重新绘制它的必要性。诗歌具有抵抗的功能,就此而言,在已有的表达中,上述内容无疑是核心的部分,尤其是在东欧。而无论是革命的政治的斗争,还是反革命的政治的斗争,抒情革命同它们之间都有一种必然而又脆弱的同源关系,同时,它又在努力解除这一关系。

但或许,现代抒情作品——这是"论辩"的第二个方面——只有忘记使之可能的具有隐喻意味的穿越(traversée),才能实现其行进的纯粹性。**我**、词语与事物通过抒情幸运地相遇,其前提条件是一次预先的旅行,一次承认的旅行,一次确保承认具有可能性的旅行。"承认的旅行"关系着典范性的意义生产程序——隐喻,也关系着一种典范性的诗歌形式——史诗。正是在与史诗的独特关系中,在对史诗的违抗或否定,遗忘或重新构想中,现代抒情确定了自身。在抒情性的**漫游**(wandering)背后,存在着一段古希腊人的旅程,一段被抹去、被重释的奥德赛之旅。但是尤利西斯的旅行也是欺骗者与叛国者的旅行。从而,抒情被要求回到谎言的位置,或者回到第一宗叛国罪的位置,通过这一位置,意义——那种吟唱自身的意义获得了实存(il y a)。

由此,我将这样组织我的论述,它就像一段四个极点之间的旅行,或者说就是四次旅行。开始我所讨论的问题事关最初的行走(promenade)——是什么允许**我**做这一次**漫游**,如一朵云随众多的云一同走向**水仙**?我将试图表明,这一问题的前提是在革命的法国发生的另一段徒步的旅行,转而,在法国的这段旅行的前提是一段前导性的旅行,它通往古希腊的隐喻之地,而又,前导性旅行暗指着最终的旅行,它走向特洛伊的叛国之所。这段在四个极点之间的旅行也将是从一场革命——法国革命——走向另一场革命——俄罗斯革命——的旅行,是从一个隐喻关系(metaphoricity)的施事者——华兹华斯的云——走向另一个隐喻关系的施事者——曼德尔斯塔姆诗中的燕子——的旅行。在我看来,通过在诗歌上建构一整套关于现代抒情的政治隐喻体系,曼德尔斯塔姆的那些诗作结束了一个诗人的政治的时代;他的这些诗作固执地追问彼得堡这座石头城在当下(le présent)的存现(la présence),以及亚加亚人(achéens)①用过的木头的存现——他们在围困特洛伊时用它[建造]船只与木马,追问叛国罪从远古直至词语起源之

---

① Achéen,亚加亚人,即希腊人,居住在希腊伯罗奔尼撒半岛的人。——译注

时的存现——抒情诗人用词语呼应了出乎意料的奇观所带来的喜悦,而那奇观正是水仙花的队伍,或向天堂进军的无产者。

> 亚加亚人在黑暗中备好了
> 木马,带齿的锯子插进了城墙
> 而没有什么能平息血液干枯的喧嚣
> 而之于你,不存在名字、声响与印记①

作为同伴的云

起初,存在着名字、声响与印记:这是属于自由(la liberté)的名字、声响与印记,在1790年7月14日,大革命的联盟节这一天,在去阿尔卑斯山的路上,威廉·华兹华斯与它们相遇,这与他在这次旅行中所持的基本政治原则完全一致:

> ……倘若所选的向导
> 仅仅及得上一朵漫游的云,
> 我就不会迷路。②

---

① 奥西普·曼德尔斯塔姆:《哀歌及其他》(*Trisita et autres poème*),双语版,François Kerel 译,Paris:Gallimard,1975:133. 所有引文均出自这一版本,只是对译文作了些许改动。
② 威廉·华兹华斯:《序曲,或一位诗人心灵的成长》(*Le Prélude, ou la formation de l'esprit d'un poète*),Louis Cazamian 译,Paris:Aubier,1949:101. 参照上注提示,但对译文作了更系统的修正。

这几行诗所言之事不只是自由的漫游,可能还是对新的自由的定义:引导着行人步伐并将引导着共和军步伐的自由,可以被这样界定——这是一种不可能性,迷路的不可能性;这是一种直接确定性,感性符号的累积所标示出的方向的直接确定性。在那个 7 月 14 日,这种自由,在法国到处都可以看到:在装扮着窗户与凯旋门的彩旗上,在列于法国马路两旁的榆树树叶间的风声里,在人民脸上闪烁着喜悦、整夜都跳着自由之舞的乡村间。

他是这样看待大革命的:这是一个他不曾见过的、意料之外的景观。事实上,他随后告诉我们,他所崇拜的还有另外一个偶像:

但那时自然是我心中至高的君主。①

然而那恰恰是他在法国的各条道路上所看到的东西:自然——自然是一种直接可见的风景,同时对于作为普遍的生命原则的自然来说,这也是其自我反映的场所,是它与已获更新的人性(humanité)原则相同一的场所。这个年轻人所看到的东西,这首诗在向前行走时所描写的东西,是映入人性的自然所自发组织的感性符号,是被太阳与云朵的嬉戏所分离的一系列"自然"场景:太阳是可见之物的原则,而云朵是漫游的向导(accompagnateur),是使行走不致迷路的保证;在同太阳的嬉戏中,云朵把可见的变成了可说的,把感性的变成了指涉的。存在着一种自由的风

---

①《序曲》,第 6 卷,第 333 行,原文未加注.——译注

景，在自由的标志下开始行走的人将此风景看得一清二楚。他将自然体验为行走的疆域，体验为连续的场景，诗人以那些"**描述性速写**"(descriptive sketches)为材料来写他的书：这些**速写**(sketches)，既是随场所、时刻、光线变化而变化的风景画，也是非编造的——非伪造的——小插图，这些小插图属于新的自由，也属于书的页面，一本意象之书的页面，在书中的每一幅乡村速写中，法国的自由或皮埃蒙特的(Piedmotese)奴役都表达了它们的形式与色彩；这是一本生命之书，从中能够直接读到：

> 真正的博爱的训谕，朴素
> 而普遍的人类理性，
> 青年与老年共有的真理。①

这本关于友爱之真理的书，终结了柏拉图对书写的批评，也终结了感性与智性(l'intelligible)之间的对立。它是同时用感性与灵魂写成的，它被写成了鲜活的话语：它不再是沉默的画面，僵死的书写或虚假的再现(représentation)，而是对于真实的直接表现(présentation)。书不再对立于鲜活的言语。新的对立是书与书之间的对立。一边是用感性的肉身再现的风景之书，另一边是僵死的知识与预言之书，它使二者形成了对照。在《序曲》题为"书籍"(«Les Livres»)的第五卷，诗人悲叹，心灵(l'esprit)想要刻下自身的意象，但它自身没有一个元素比书更接近它自身的本性(nature)。为对此作出说明，诗人讲述了一个故事，关于他做过的一

---

① 《序曲》，第 6 卷，第 547–549 行，269.

个噩梦,那时,他俯在《堂·吉诃德》上打起了瞌睡。在沙漠光秃秃的风景中,他遇到了一个神秘的阿拉伯人,阿拉伯人向他展现了一本石/书——欧几里得的《几何原本》——和一本贝/书,从贝壳中可以听到对即将发生的毁灭的预言。在这样一个场景之中,这个梦用场所的抽象化来描绘书的抽象化:这是一个与恶作斗争的场景,是世界的伦理视野中的场景,而没有一个感性形象能够把世界变为其附庸。当人们从先知、游侠走向漫步者,他们便进入了一个新的真理体制。这是一种鲜活的形式,一种图式化的原则,它能够把太阳与云朵的运动转变为信念的运动。人们不再需要被召唤至沙漠才能知悉善恶了。现在只是走与看的问题了。真理并不在于声音或符号可以指出的某段距离——这存在着背叛它们的危险。它也不在于意象所再现或扭曲的某种模式。在法国的各条道路上,在1790年的那个夏天,没有任何意象会模仿某种模式,人们也不可能看到理念(idée)被讽寓化(allégorisée)。而到了1793或1794年,讽寓将变得具有必要性,理性将不得不被形象化,而至高的存在将不得不被放置在场景之中。但是,在1790年7月那个短暂而优雅的时刻,这个民族(la nation)向自身表现了自身。在各条道路上,在塞纳河边,或在群山的孤寂之处,诗人所看到的东西,就是使共同体的表现得以可能的东西,为此他要了解自然的自我存现。他在感性综合的场所里所占据的是一个政治的位置,而正是感性的综合允许政治被表现于它的自我确证之中,表现于它同可见之物的分离之中,而这种可见物正是共同体的基础。因为共和政治的秩序不是从掌握特权的旁观者的角度建立的,也不是为了皇室威严的景观建立的。共和政治是漫步者(marcheurs)的政治。共同体是由人民组成的,他们在漫步的时候看到有相同的意象升起。通过取消国王的位置及他的观点,自然废黜了国王——自然将在感性体验中为新的时代确立政治的核心内容,而这一自然具有双重意义:它在一个独一无二的概念中,一方面指的是创造存在者并使存在者会聚的力量(la puissance),另一方面指的是没有特权的人漫步与观望的场所。

一般我们都认为,在那些向诗歌展露(découvert)自然,并催使自然自身展露(fait découvrir)给诗歌的人中,华兹华斯位居第一流的行列。在我看来,在这一名义之下,最早为他所发现(découvert)并引入(fait découvrir)的,是一种在走动中观看的方式,是一种为**速写**确定画面的方式:在这种方式中,自然将自身表现给其自身,把自身作为自我(soi)的表现来展示。他引入了一个把诗看作是呼吸与视线的理念(idée);他引入了一种图式论,同时这也是现代共同体的感性图式论;他引入了一种观看自由或压迫的符号的方式——这些符号,或者说这些准符号,被收纳于自然的自行表现之中,它们所拥有的是没有指涉意图的能指;他还引入了一种把被看之物转变为希望、同情或决心的方式。更深刻地说,这位走向大革命国度的诗人/旅行者,把握到了现代审美革命与现代元政治(archipolitique)乌托邦之间相同一的基点。

现代审美革命,正是康德在相同的时刻所关注的内容:它抛弃了摹仿,取消了美的**理型**(*eidos*)与感性景观之间的距离;它是美的事物不借助概念而使自身被欣赏的能力;它是各种才能的自由游戏,它证明,虽然这种游戏不能也不必决定任何概念,但它自身是在美与自由之间进行协调的一种力量(puissance)。至于现代的元政治乌托邦,我并不是要设计一个理想共同体的方案。对我来说,乌托邦并不是一个哪儿都不存在的场所,而是在话语空间与地域空间之间进行搭接的能力,是对于一个知觉(perceptif)空间的认同:这是人们带着共同体的**主题**(*topos*)行走时所发现的空间。① 在现代美学与现代乌托邦的同一中,人们为共同体创立了一种独特的能力,它可以使自身被欣赏,使自身不借助于概念而被热爱,它可以把它的主人能指(自然、自由、共同体)等同于某种诗歌的场所与行为:这是一种被构想为想象的自由游戏的诗歌。其结果——用康德的术语来说——就是,反思的判断被转化成了决定的判断。在想象的自由游戏中,理性这样来发挥效用:它直接表现自身,从而决定一个世界。因此诗人才会这样描绘这个时代的特征:

> 那时理性女神也竭力放出魅力,倾心于扮演
> 似乎这是维护她的权利的
> 最上之策——最易于推进
> 正在以她的名义开展的事业!②

在那时,理性似乎被赋予了感性的材料(la matière sensible),而这材料既是对理性的体验,也是对理性的证实。理性给梦想家,即那些为想象驱使的人提供了这一材料,从而他们能够用这一材料去打造他们的证词,他们的希望:

---

① 参见雅克·朗西埃:《向人民之地的短暂旅行》(*Courts voyages au pays du peuple*),Paris: Le Seuil, 1990.
②《序曲》,第 6 卷,第 113 –116 行,419.

> 于是疑虑尽除,而真理不止是真理——
> 它是希望,是欲望;是神圣的权威
> 所认可的信条,这信条属于
> 热忱、危险、困难或者死亡。①

  理性的这一感性生成过程所激发的热情,是一种美学-政治原则,其内容是《抒情歌谣集》序言在告别伟大希望的时刻,作为新诗歌的原则所宣布的东西:即**情感**(*feelings*)的交流(communication),以及各种理念在**兴奋**状态②下自然联想而形成的交流。这是感性政治的原则:与再现的等级制度相反,这种诗歌被认为是一种面向全体的美学,它表达了感受(sentir)的法则,表达了一般感觉(la sensation)所可交流的东西。在告别革命之后,感觉的诗歌将致力于在普通人的生活里认识这种感觉游戏的纯粹性,在普通人的语言活动之中认识他们已被强化的表达所用的媒介。但首先这是一种乌托邦式的生产,它生产了共同体之中的**我们**(*nous*),而这个感性共同体被赋予这样一种形象:它准许"我"向着**水仙**漫步,它认为这种发现的运动和诗作的书写是相同一的,而这种诗作正是作为感觉运动的传达(communication)而被构思的。书写与传达之间的这种同一化,是在原初体验中发展起来的,那时

---

① 《序曲》,第 4 卷,第 404-407 行,373.
② 威廉·华兹华斯:《抒情歌谣集》序言,引自 *William Wordsworth*, 权威版,Oxford: Oxford University Press, 1984:597.

>……我的确记得
>
>在生活的日常表象之中
>
>我似乎在这个时候洞见了
>
>一个新世界——并且,这个世界宜于
>
>被传播,而对于其他的眼睛来说
>
>它是可见的。①

从一种转输到另一种转输,这种同一化不仅是对于新世界的伟大启示:新世界所选择的是发现与颂扬普通的人与普通的事。有一种批评努力把诗性之**我**的漫游同政治的诗性乌托邦分离开来,但只有以牺牲这种努力为代价,才能建立抒情的主体性及其共同体的视域。审美共同体的新颖性同时也是分界线的新颖性,这条分界线一直是为了被违反而被设定的,它的一边是审美共同体的普遍性,另一边是关联(lien)的具有原政治性质的客观化。这是一条总是需要被重划的分界线,无疑,这解释了,为什么50年后,这位老诗人,这位秩序与宗教之友,开始重写他作为一个热情的漫步者,在大革命的国度所作的"描绘性速写",这并不是为了改变它们的评价,而是为了完善它们的传达。诗歌证明自身是感性共同体的一种能力,共同体以此可以在诗意的**漫游**中把握任何的人与任何的事,为此,它重新走上初次漫步时所走过的线路,为此,它使自身漫步的节奏游离于公民队伍的节奏,使夏日天空的云朵无关于政治的风暴。诗人是在一首"反政治"(a-politique)的诗作中以堪为典范的方式完成这一点的,而这首诗向之言说的

---

①《序曲》,第13卷,第367-372行,471.

对象是政治-诗歌转输的操作符:《致云彩》(《To the Clouds》)。你将去向哪里? 他问云彩组成的辉煌的队伍。这是没有答案的问题。自然不再表现共同体的力量,它不再为政治的利益而劳作。这不仅因为大革命结束了,诗人已从大革命中撤回。仅是终止革命是不够的。人们必须用书写来终止它,就像一切荣耀、一切帝国所做的那样,必须使伴和着政治言述的云朵变得孤独,必须使它分离于由飘荡于地平线上的云彩组成的队伍所走过的路程。正是在这种分离中,抒情性言述的道路取得了胜利:

> ……一条简陋的步道
> 是我的身体注定要践足之处,这小路,
> 这短小的古老的线路,若隐约追溯
> 我说它是一部作品,它得自于牧人的脚步
> 还是牧人的羊群? ——或是两者共同的遗痕。①

这条简陋的小路,这条从**我**(I)到**水仙**的线路,这条把**我**(Je)从简单的词语融洽地转至简单的事物的线路,同时也是诗歌步骤(démarche)与政治行进(marche)之间的分界线。抒情的书写等于就是政治的感性书写,这把它从再现的他律中给拔除了出来,它必须脱离他律从而恢复自身的自主性。抒情性言述的道路就是重写的道路。这就是为什么下述这一情形是不重要的:由于过早出现创造力的贫乏,或者说有一种自我重复的倾向,华兹华斯

---

①《致云彩》,第53-57行,《华兹华斯诗歌作品集》(*The Poetical Works of William Wordsworth*),第2册,Oxford:Oxford University Press, 1944:318-319.

对说理有着浓厚的兴趣。诗人重复自己并不是因为缺少创造性。他献身于重写,仿佛这是他的任务。抒情性书写作为重写,溯源于一种必然会丧失的书写:

> 就像游历一本书,一部古老的传奇,或
> 童话故事,或某个梦境,而梦中的行动
> 形成于夏日云彩的背后。①

双重旅行

重写能够避免成为一种否弃(reniement)吗？不仅是一种政治性的否弃,还包括因诗作地位易于遗忘而产生的否认(dégéneration)？诗作的书写能够安心委身于那种单纯的自由元素,从而从单纯的情感走向单纯的词语,对单纯(普通)的人谈论单纯的物吗？不就是在这种相同性的运动之中,诗人忘掉了书写意味着什么,自由指涉着什么吗？这就是下一代诗人所遇到的问题。下一代的这些诗人痛苦地感受到华兹华斯与柯勒律治的背叛,他们这二位是雅各宾派,却重又回到社会秩序,回到对自身困境的沉思,为此拜伦在《唐·璜》②轻快的诗句中对他们提出了严厉的批评。不仅如此,这些年轻的诗人还斥责此类书写用意粗疏,所确保的只是其词语的力量,首先是那个一切词语的词语的力量,即那个作为密码的词语——**自由**(liberté – liberty)——的力

---

① 《序曲》,第9卷,第300–302行,369.
② 拜伦:《唐·璜》(*Don Juan*),双语版,Aurelien Digeon 译,译文有改动.

量,而这个词是一个外来词,本土词 freedom 的自然演示绝无法对它作出充分的说明。不存在简单的情感,也不存在简单的词语。自由不能隐藏于那些卑微的形象:无论是漫步者的漫游,还是目光透出的逼人的清新。它也不能等同于那种放纵的态度,任由流连于自然在节日里的美妙景观。《唐·璜》第一章在文学伦理学意义上,用这种反讽的训谕,讥诮了那些疲惫的英雄:

> 我谋篇的规整,
> 把一切离题/漫游(wandering)都作为最大的罪愆来禁止。①

就拜伦自身来说,他自己不会拒绝任何题外话。但他的题外话不止一次地把华兹华斯这位曾经的雅各宾派作为嘲笑的对象,说他昨天"给他的叫卖诗添些民主的香味",今天"他怀着怎样的满足踱步/在他的湖畔,带着他亲爱的《车夫》"②。

拒绝**漫游/离题**(*wandering*)的魅惑,是要标示词语与事物之间的距离,而这一距离在**自由**这一词语的命运中恰恰被进一步拉开:这是一个由于法国的革命恐怖与帝国主义战争而遭到贬值的词语,是一个因为西班牙与葡萄牙暧昧不清的暴动而变得更为晦涩的词语。法国的那些自由的响亮词语已被歪曲为压迫的行动。在宗教与君主制的阴影中,西班牙和葡萄牙的解放(libération)战争转过来反对自由(liberté)与解放(émancipation)的理念。自由

---

① 拜伦:《唐·璜》,第 1 章,151.——译注
② 同上,第 3 章,325 - 327. "车夫"是华兹华斯一首著名诗作的标题。

的词语无论在哪里都与它的行动是不一致的;它的声音无法找到它自己的场所。因此,诗的政治不可能只是伴和的政治。它经历了这样一场运动:这场运动试图赋予自由以其自身的语言,试图使自由的声音与其场所相一致。这样,当哈洛德骑士为诗的海洋而离开多湖的英格兰,他漫游的历程就有了一个十分确切的方向。他去的第一个地方,自由使得人们都听到了它的声音,但自由自身却不了解自身(伊比利亚半岛);他从那里转头前往的地方是自由的故乡,虽然在那里无法再听到自由的声音(希腊)。不过这意味着,对中世纪罗曼司的戏仿也相应变成了对史诗性旅行的摹拟,变成了这样一个英雄的旅行:当他再度走向那些革命陷入黑暗的地方,他将到处是云彩、湖泊和水仙的抒情之地恢复成了史诗的故土。只有付出这一代价,才能把一个场所返还给自由的声音,将一种声音返还给它的场所。这个犹豫不决的主体穿着中世纪的服装,完成了一段从现代英国到古代希腊的航行,他在抒情的单纯性(simplicité)中插入了一个裂缝。刚刚摆脱文类束缚的现代抒情,必须发明一种新史诗。华兹华斯,这位眼花缭乱的漫步者,为使他的瞬时印象获得牢固的支撑,已就"一个诗人的心灵成长"①,写了一个由十四卷书、八千行诗组成的漫长故事。但《恰尔德·哈罗德游记》这部诗作所证明的内容却不止于此:刚获得解放的(émancipé)抒情诗,应该通过一次重返之旅,走向它的主人能指的领地,从而去重建它的自由。抒情的**我**必须保持它的自律性,为此,它再次引入了由虚构的英雄/反英雄所提供的脆弱的支撑,哪怕这样做有取消自主性的危险。这是独一无二的虚

---

① "一个诗人的心灵成长"是华兹华斯的长诗《序曲》的副标题。——译注

构,因为它不过是那种旅行的线索:此一旅行把这些贬值的词语重新引向了它们的源头。通过重返史诗体,抒情的证言重新发明了史诗体。它为史诗体发明了新的意义。它把史诗体等同于对重返之旅的虚构:返回到意义的起源,返回到那样一个场所——在那里,隐喻的转输被再度强化,以防止词语的衰退与背叛;在那里,自由被认作一切关系的活的原则,被认作一切把词语与事物重新聚合的行为的活的原则。我们所说的《恰尔德·哈罗德游记》或《唐·璜》,是史诗体的幻象,或者说是对史诗体的嘲讽,通过它们,史诗体获得了一个回溯性的形象,这一形象将主导现代的诗学思考。史诗体等于就是返回之旅。奥德赛变成了一个隐喻,它隐喻着意义的诗性转输,隐喻着他漫游的自由及其最初的根源。抒情的言语同时也是史诗体的幻象,它正是以这种方式使自身彰显了出来,但也因此进入了一种模棱两可的状态:一方面,它第一次实现了书写的页面和旅行的空间之间的同一,但同时另一方面,它暴露了抒情的"我"所采用的诡计。通过恰尔德·哈罗德,可以感知到这一表里不一的情形,他游历从西班牙到希腊这段里程的方式有一种二重性:首先他依据的是旅行的节奏;其次他借用了诗作中的裂隙,例如,正是在描写骄傲的安达卢西亚人合唱的中途,希腊的帕那萨斯山奇特地显现了:

> 啊,帕那萨斯!我现在眺望到的你,
> 没有梦想者眼中看到的那份狂乱,
> 不像叙事诗所虚构出的那种风景,
> 你只是覆盖着雪耸立于你祖国的天空……

> 我常常梦见你！你光辉的名字，
> 谁若是不知，就是不知人类最神圣的科学（science）。①

帕那萨斯山是最高科学（science）的对象的名字，而在这个世纪，不论好坏，这种科学（science[*lore*]）都将只同人民这一独一无二的名称发生关联。但同时，"真实的"帕那萨斯山在科学被唤起之处突然出现，它否定了在空幻的梦境或诗歌的寓言中出现的那座山。

当然，关于这一错位的显现，有一种素朴的解释。当诗人写下他的西班牙记忆时，他正在希腊，透过他写作的那个房间的窗户，他在具有安达卢西亚色彩的两个诗节之间，思想起真实的帕那萨斯山。但这个素朴的解释忽略了这一点：在这里被否定的正是书写这一行为本身，是书写与虚构之间的距离。文学必须否定自身才能获得它的旅行的回报，这一点在离开的时候才被言述出来：

> 那些本身就是事物的词语，那些不会骗人的希望。②

---

① 拜伦：《恰尔德·哈罗德游记》（*Le Chevalier Harold*），双语版，Roger Martin 译，第 1 章，第 611－622 行，Paris：Aubier，93－95. 关于翻译的提示同上。（"最神圣的学问"，拜伦原诗为 divinest lore，朗西埃所引用的法文译本译为 la plus divine science。——译注）

② 同上，第 3 章，第 1061 行，227.

"真实的"帕那萨斯山矗立在安达卢西亚人的合唱之中,它是这合唱的真理,是赋予这合唱以意义的场所,它是积雪的山峰与一个名称之间的同一:这名称是一个主人能指,这个能指指涉着普通词语的力量。它是一个词语与其祖国之间的同一,是自由与其本身之间的同一。名称与事物之间的这种同一,并不是由希腊产生出来的。希腊也没有产生自由的人。然而希腊仍然取得了名称与事物之间的同一,因为它知道如何捕获这个同一性的阴影。这个影子正是安达卢西亚少女野性的自由所缺少的。希腊并不存在更宏伟的合唱。安达卢西亚人的合唱辉煌壮丽,它唯一缺少的是那个提供意义的阴影。安达卢西亚的少女们缺少的只是:

……这样一些平静的阴影
这是希腊仍能够给予的馈赠,虽然光荣已飞离她林中的空地。①

诗的双重旅行两次向安达卢西亚人的合唱给予它所缺少的希腊阴影。尽管拜伦用反语嘲笑了[华兹华斯]在湖畔旅行的天真,但他同样为他从现代**海洋**到古代**地中海**的航行提供了一切的保证以不致迷失他的道路。这条道路已经被开辟出来。诗向着自由旅行,自由则已经根据伟大的目的论,沿着相反的方向——从东到西——踏上了这条道路。这一目的论得到了时代的准许,并被展现在雪莱的《自由颂》之中,而这首《自由颂》的灵感来自于西班牙的起义。[在这里,]自由的历史被铭写为由波浪的运动

---

①《恰尔德·哈罗德游记》,第 1 章,第 655 - 656 行,95.

所带来的一系列诗节,有一个诗节对它自身的一个句子进行了拉伸,在它[向下一节]跳转时,即在从第四节向第五节跳转时,在波浪的运动中突然出现了云彩或石头的城堡:

> ……此时爱琴海上
> 雅典兴起,这城市如幻景
> 建立在紫色的悬崖,银色的塔楼
> 堆砌起白云的城垛,仿佛为嘲笑
> 最高贵的石造建筑:它铺排下
> 海洋的地板,它罩上了暮色的天空……①

　　这样,自由的历史可以被书写为一个诗节的序列,每一个诗节都在波浪的流溢或其充满活力的颤动中,刻画了自由的停滞、进展与回落。自由不断地存在于倒影里,存在于回声里,存在于已展现在潮水表面之下的花朵里。它将自己的历史书写在规整的、合律的诗里,书写在声音与回声里。世界历史被结构为一首诗。自由本身是抒情-史诗的第一个言述者。它在这里写下一个诗节,在那里写下一个诗节,而后持存在它自身的消逝中:如光倒映在潮水的表面,或映象透射在潮水的深处。在自由的这一番制作之后,诗到来,它从一个场所走到另一个场所,它回荡起它自身的回声。它以自己的声音为抵押,以换取它的场所;它以它的过去为抵押,以求得自身的返回:

---

① 雪莱:《自由颂》(« Ode à la liberté »),《诗集》(*Poèmes*),双语版,Louis Cazamian 译,Paris:Aubier, 1970:161.

>在时间的逝水的表面
>漂浮着它布满褶皱的肖像,如同当年
>肖然不动的是它的不安,它永远
>在颤动,但它不可能消散。①

实际上,这一允诺不久就和言述者的声音产生了矛盾。在这首诗的结尾,在歌声就要落入沉默的时刻,波浪合拢,阻回了那个它们曾经任由其经过的声音。当然一首诗必须走向自身的完成。但在《恰尔德·哈罗德游记》中,词语与事物之间双重关系的张力,在起初的时候就被突显了出来:从作为旅行者满怀着热情,走在通往乡村——"那里词语即事物"的路上,到作为怀疑论者秉持着激进主义,宣称"摆脱一切词语"(Away with words),他知道,词语所产生的效果无非是诱惑。"新史诗"返回到词语之真理的故土,同时也重启了主体/诗人与诗作主体之间的距离。走向祖国的旅行必须委托给**一个虚构的人物**,但同时也是一个虚假的人物。"我在寻找一个英雄",《唐·璜》第一章第一个诗句就这样宣称。但这个时代,所有原本可以被召唤的缪斯都已经寡独无依,不再会出现值得歌颂的英雄。这并不是因为这个时代缺少英雄——相反,它创造了英雄,又每天用轶闻将这些英雄打回到乌有之中。因此独一的人物将通过[四处]游历而表现自身,而唐·璜,这个说谎者,这个引诱者,这个独一的现代人物,则高贵地面对着朝向地狱的堕落。追随尤利西斯这个说谎者独一足迹的史

---

① 《自由颂》,《诗集》,161.(这里所涉及的是雅典的意象。)

诗,只能将唐·璜、恰尔德·哈罗德或叶甫盖尼·奥涅金这样的反英雄当作它的英雄。蛊惑了拜伦、普希金和莱奥帕尔迪(Leopardi)这一代的那个人物,那个引诱者,是这样一个人:他知道词语就是词语,词语只意味着俘获的方式;他将自由等同于从词语彻底的空虚中获取益处的无限可能性。在这三位诗人用诗歌完结革命的年代,词语相似于事物这个梦将引诱者的以下虚无主义话语当作它确切的对应物:引诱者言说着词语的虚无,言说着发出词语的人的那种无定的自由,哪怕这意味着必要时将否定他作为引诱者的自身。[引诱者的]终极形象是叶甫盖尼·奥涅金的形象,在给向他献身的达吉雅娜的情书中,这位引诱者不再使用引诱的词语,并对这样的词语加以嘲弄。在诗的浪漫主义政治得以实现之处,这种对史诗的戏仿将抒情性言述放在自由的真理与自由的谎言这二者无定的平衡之中。

被监禁的燕子

恰恰就是自由在真理与谎言之间的这一平衡,在一个世纪以后的1918年5月,曼德尔斯塔姆将他的诗《自由的晨昏》(« Le Crépuscule de la liberté »)献给了它。从标题看,对他来说,这里的问题并非是要探讨政治自由的丧失。和波德莱尔一样,他的晨昏首先同样可能既属于黎明也属于黄昏。意象与意义的逻辑似乎指向的是黎明。但这并不是他所歌颂的新时代的破晓——无论是壮丽的还是戏仿的破晓。在这一不确定的晨昏之中,争论的焦点恰恰就是自由同其隐喻之间、同各种转输形式之间百年的关联,一个世纪以来,这一关联一直护卫着自由,使自由能够从黄昏旅行到黎明,或从黎明旅行到黄昏;从东方旅行到西方,或从西方旅行到东方。曼德尔斯塔姆想要展示的就是这一点：自由既没有固定的进程，也没有固定的疆域。它不准许任何言述主体随它一起漂流，用与孤独的漫步者和战斗的队伍相同的步伐，同时向内外两个方向，自始至终地沿着它的言述一起漂流。诗既不会延伸也不会重复词语偕同事物所作的任何旅行，即便是充满矛盾的旅行。除了在诗作中，旅行没有其他的场所。诗不可能是自然的呼吸或**历史**的呼吸。确实，在曼德尔斯塔姆的诗作中，空气经常被认为不适于呼吸，它像土一样密实或像水一样窒闷。这种呼吸的不可能性的缘由，在诗人那里被清晰地勾画了出来：空气"因比拟而战栗"，大地"因隐喻而轰鸣"，①就像雅典的意象漂浮在雪莱诗歌的波浪上。词语走在寻找事物的路上，这些意象则把词语引向为这些意象所充盈的元素，这种充盈状态正是《自由的晨昏》让我们感受到的内容：

> 兄弟们，让我们赞美自由的晨昏
> 这伟大的晨昏的年代。
> 在夜晚奔涌的海水里，
> 沉入了繁重的罗网的森林。
> 你在黑暗的年代升起，哦，太阳，法官，人民！
> 让我们赞美命运的重负，
> 人民领袖含泪背起的重负。
> 让我们赞美权力阴暗的重负，
> 赞美它无法承受的锁轭。

---

① 《找到马蹄铁的人》(《Celui qui trouve un fer à cheval》)，《哀歌及其他》，165.

> 任何拥有心灵的人都必定会听到,哦,时间
> 你的船怎样沉向了海底。
>
> 我们为燕子系上绳索,使它们
> 加入战斗的军团。看:
> 太阳已隐匿;每一个元素都在
> 低语,躁动,存活。
> 透过这些网罟——浑浊的晨昏——
> 太阳已隐匿,大地在漂浮。
>
> 好吧,那就让我们试试:庞大的、粗陋的轮盘
> 船舵的吱嘎作响的轮盘。
> 大地在漂浮。男人们,拿出你们男人的样子!
> 要像犁铧,划开这海洋,
> 直到忘川冷却我们仍将会记得,
> 我们的大地抵得上十个天空。①

自由的晨昏首先指的是:自由这个词被浸没在晨昏的浑浊之中。事实上,晨昏既不是一天的开始也不是一天的结束。它是宛如黑夜的白天,而在这个白天里人们又不能看到太阳。这里的"太阳,法官,人民"尽管被说成是升起,然而却是升起在"黑暗的年代"。这个革命的太阳,这个被随意转换为法官与人民的太阳,是隐匿的星辰,是不发出光亮的星辰,它陷入了其相似物的雾状

---

① 《自由的晨昏》,《哀歌及其他》,99.

组织,陷入了其无限隐喻化的雾状组织。绕在太阳周围的浑浊的雾,这团被困的燕子对之鸣叫的、迷蒙的雾,是一切词语和一切意象的雾,一个世纪以来,这团雾一直护卫着太阳,或者说它一直伴和着太阳。自由的浑浊的晨昏是浪漫主义自然的充盈形态,是 19 世纪的主人能指,它从插图到插图,从旅行到旅行,填充了智性世界与感性世界的一切裂缝。这首诗是曼德尔斯塔姆为反对 19 世纪而写的那些论辩性散文的回声,在他看来,这是一个患贪食症的世纪,它渴望真实的或隐喻的旅行以游历大地或者探查太阳或大海;这是一个无脊椎的世纪,是一条千手章鱼,贪婪地捕捉一切方向上的一切事物;这是词语的食用者与空间的饕餮者的世纪,它拉上了由它的相似于事物的词语(mots-semblables-à-des-choses)和它的用书写充盈的空间所织成的厚厚的帷幔,以此隔开脆弱的言述主体与他的太阳——这个太阳照亮了主体,为此它只能同事物保持一定的距离,只能通过每一次日落来提醒主体注意那因为他而被计数的时间。根据曼德尔斯塔姆的说法,19 世纪一直在保护着自己不受这种威胁。19 世纪宣称自己是一个**历史**的世纪,但它恰是一个反历史的世纪,是一个"佛教的"[①]世纪。它所发明的"进步"就是对于历史性的拒绝,是对于为其意义提供支持的死亡的拒绝。这一历史的幻象只是 19 世纪在四面八方旅行的一个缩影,这个世纪用从其触须中流出的黏液,填补一切意义、时间与死亡的空白。在革命年代升起的那不可见的或失明的太阳是笼罩着浓雾的太阳,是被一个作为杂食动物的世纪用它的触须粘住的

[①]特别参见《Le dix-neuvième siècle》,载于奥西普·曼德尔斯塔姆:《论诗》(*De la poésie*), Mayelasveta 译, Paris:Gallimard, 1990:115-124.

太阳。

革命的晨昏首先意味着这一点：作为无产阶级新时代的明灯升起的太阳是书写时代的黯淡的太阳，而这个书写的时代咬啮着空间，渴求能够依附于这个时代的事物与这些空间的场所。革命的晨昏的战斗军团，其组成者是被系上了绳索的燕子，是被涂上了黏液的词语，它们被束缚于这个章鱼－世纪的触须。曼德尔斯塔姆回到了诗歌伴和的直证（évidence）与政治的感性直证这二者相偶合的那个难题点。但他拒绝了那种因远离政治的感性合题而产生的便利。相反，人们必须诗意地思考这一合题，把政治与诗歌的偶合点铭写在诗作之中。人们必须诗意地建构这一偶合的空间，通过建构来揭示。因为偶合的空间总是将自身表现为已经存在于那里的东西。自由总是引导着我们的步伐：这意味着，它总是领先于我们的步伐，它总是预先就已经促成了诗歌－政治的合题，促成了可见物与其意义的合题。要摆脱合题的权力，人们必须发明一个书写的场所，把**自由**这一政治的能指放在**晨昏**这一诗歌的能指之中，从而揭示并驱散它的阴影。与其他人相比，在更为严格的意义上，曼德尔斯塔姆的政治是一种诗歌的政治。他写了一些颂歌，赞扬眼含泪水的布尔什维克的领袖所担负的政权，如果人们必须严肃地看待或对待那些颂歌，将它们当作戏仿，那么探询诗人对于苏维埃革命是赞成还是声讨就没有那么重要了，因为那些颂歌就像以前穆索尔斯基（Moussorgski）的那些通俗合唱曲，穆索尔斯基用它们向《鲍里斯·戈都诺夫》（*Boris Godunov*）的光荣致敬，而鲍里斯·戈都诺夫也曾被乞求接受王权的重担。同样的内容可以参考六年之后所写的：

那向第四阶层作出的美妙的承诺
那足以带来泪水的深刻的誓言。①

事实上,献给篡权的沙皇的颂歌已成为关于共有之痛苦的歌。同样,确切存在的痛苦和可能存在的嘲讽同时被包含在献给革命的颂歌之中。革命的浓雾可能会开辟出新的光明,也可能会陷入万劫不复的黑夜。而诗人的责任是投入到他自己专长的领域,即投入到词语的运用之中。为此他必须通过诗歌之光——"亚历山大的太阳",或者说所有俄罗斯人称为亚历山大·谢尔盖耶维奇的那个人:普希金②——来展现苏维埃的乌云,否则他就要埋葬那轮书写的太阳,或者把它变成火炬或手电筒,这火炬或手电筒属于民兵,属于"穿着大衣、带着左轮手枪的普希金主义者",属于那些演奏"苏维埃小奏鸣曲"的艺术家,这些艺术家将使安德伍德牌打字机的按键、清晨的门铃与镣铐一连串地发出嗒嗒的声响。③ 因为若要信守"美妙的承诺",自由就必须从"繁重的罗网的森林"里解放出来。无产阶级解放军本身就是在夜晚里布下的

---

① 《1924 年 1 月 1 日》(« Le 1ᵉʳ janvier 1924 »),《哀歌及其他》,181.
② 参见[曼德尔斯塔姆的诗]《致卡桑德拉》(« À Cassandre », 前揭, 87)和[随笔]《普希金和斯科里亚宾》(« Pouchkin et Scriabine », 《论诗》, 前揭, 160)。关于"亚历山大的太阳"和"普希金的夜间的太阳"之间的同一问题, 见 S. Broyde 在 *Osip Mandelstam and His Age* 中的解释(Cambridge: Harvard University Press, 1975)与 Nikita Struve 在 *Ossip Mandelstam* 中的反驳(Paris: Institut d'études slaves, 1982)。
③ 参见《1924 年 1 月 1 日》与《列宁格勒》(« Leningrad »), 《哀歌及其他》, 205.

罗网的森林,因为这个夜晚就已经是罗网的森林,它充斥着相似于事物的词语与相似于词语的事物:太阳/人民或黎明号(Aurore)巡洋舰,罗网的森林,象征的森林——浪漫主义世纪的触须将这个森林留放在了解放之夜的中央,留放在了每一个夜晚的中央。

事实上我们必须认识到,这是对象征主义的一种全方位批判,对于曼德尔斯塔姆来说,这一批判不单指向俄国象征主义者团体,而且指向所有的语言实践和语言哲学——它们不可分割地就是**历史**哲学与政治实践。由此我们才能对于什么是象征有一个彻底的理解。象征未必是神秘的意象,对于某种多少有些深邃的意义一方面显示同时另一方面又隐藏。在更为基本的意义上,象征是一个词语,或一个意象——一种再现,它只有在一种与他者的相似关系中才能发挥作用。这是反对象征主义的曼德尔斯塔姆政治学的核心,这尤其表现在其随笔《论言词的本性》中:象征主义者既没有词语也没有事物,他们只有词语的幽灵和事物的幽灵,只有同其他意象相似的意象:"玫瑰是太阳的意象,太阳也是玫瑰的意象;斑鸠是少女的意象,少女也是斑鸠的意象。就像是要制成标本的野兽,意象的实体(substance)被掏空,填充进去的是异质的材料。我们所拥有的不再是'象征的森林',而是一个制作野兽标本的作坊(……)。'应和'(correspondances)令人生畏的对舞,交流着彼此共谋的符号(……)。玫瑰成为少女的符号,少女又成为玫瑰的符号。没有什么想要成为自身。"①

意象的这一用法对应着历史的"佛教"哲学,它掏空了词语的物质性(materialité),同时也掏空了事物的工具性与"适居性"。因

---

① 《论言词的本性》(«De la nature du verbe»),《论诗》,87,译文略有改动。

为存在世界与历史,就必须存在在彼此的距离中被建构起来的词语和事物:[必须存在]因其物质性而具有重量的词语,它们自身被建构得如同诸多的城堡,如同"小小的雅典卫城";必须存在既满足物质渴求又满足精神渴求的事物;必须存在词语-燕子的冒险之旅,它们绕着事物自由盘桓,选择某一个能指、某一种物质、某一个机体来作为其栖身之地。① 另一方面,象征主义者的实践将意象封存在相似性之中,用一种运动使一切词语、一切事物都非物质化了:"他们在一切词语上,在一切意象上都贴上了封条,将它们保存在一种排他性的、仪式化的使用之中(……)。对桌子来说,不存在吃的问题:它并不是一张真实的桌子(……)。抄起家伙,它就是叛乱。扫帚诱导我们去安息,锅盆拒绝去煮饭,它们要求自身具有绝对的意义。"②

诗歌的象征式占有与革命的国家式占有走到了一起。革命的太阳已经升起在这个相似性的象征主义空间里。太阳以某种方式成为革命散文或革命歌曲中的"法官"与"人民",这种方式就是它在诗中变为玫瑰红的方式,是少女成为斑鸠的方式。只要革命没有获得解放,它就会把被监禁的燕子组成军团,就会生活在象征主义实践的固定意象里。革命国家——同一切国家一样,但遵循着甚至更为专横的必然性——的供养依靠的是由春天的制造者——鸟所组成的战斗军团,依靠的是黎明号这一战舰,依靠的是作为新时代拂晓的日出,依靠的是为未来的收获而耕耘的犁铧,依靠的是在天空中疾驶的轮船。国家一般都需要词语,新

---

①《言词与文化》(«Verbe et culture»),《论诗》,50.
②《论言词的本性》,《论诗》,87-88.

国家尤其需要把新生活的意象贴在其自身的躯体上。因此它才呼唤具有创造性的艺术家发挥他的想象力。国家需要文化,因为它需要赋予自身以血肉、形式、色彩和性别。以它自己的方式,它感受到了诗人所肯定的东西:它需要历史地生存。不过,若要历史地生存,人们就必须拥有彼此之间都相对自由的词语和事物。对此,革命国家什么都不想知道。它并不拥有时间。它用它所继承的世纪——一个佛教世纪的方式,将历史构想为对于时间和死亡的抵御。它需要迅速拥有词语与意象,通过它们来赋予自身以机体,来使自身变成感性的并保护自身。国家吁求同时又吞噬着文化和艺术所拥有的词语和意象,从而保护自身以免吞没时间。这一对"文化"的欲求同"反语文学的热望"形成了一种共谋关系,象征主义实践就在这种关系中终结了。国家把自身变成了吞噬词语的巨妖。与此密不可分,诗人的任务就是保护国家,免得它承受贪食症所带来的后果:

> 对于词语的生活来说,一个英雄时代已经开始了。词语是血肉与面包。它分享着面包与血肉的命运:苦难。人民是饥渴的。国家更饥渴。但是还有一个更为饥渴的东西:时间。**时间**想要吞噬**国家**。①

国家在寻找诗人,以求获得诗人所看护的词语,而诗人将要维护他自身作为英雄、作为圣体的使命,为此,他将词语奉献于那个想要吞噬国家并使国家也变为吞噬者的恶魔:时间。

---

①《言词与文化》,《论诗》,49.

> 无论谁,只要他建造词语,并把它表现给时间,就像牧师准备圣餐一样,那么,他就将成为新的约书亚(Josué)①。没有什么比当代的国家更为饥渴,而饥渴的国家比饥渴的人更让人恐惧。给予这个否定词语的国家以同情,是当代诗人队伍的社会目的与功绩。②

在这里我们可以回忆一下瓦尔特·本雅明,他曾同样忆起过约书亚,那时他在讨论一个小故事,讲的是1830年7月的战斗者,为了中止君主制的时间,他们朝着时钟开枪射击。同本雅明一样,曼德尔斯塔姆想要中止"流逝的时间",想要中止胜利者及其"继承者"的时间。但是[这两者的]比较[只能]到此为止。在曼德尔斯塔姆那里,让太阳——特定的太阳,佛教世纪的太阳——停下的行为,与弥赛亚主义没有任何的关系,与救世主显灵时间的增值没有任何的关系。对他来说,19世纪并非太过"历史主义"了,而是不够"历史主义"。19世纪不知道历史性意味着什么:历史性构建了自由词语和自由事物的框架,从而为这个世纪提供了骨架,"粘连起椎骨"。这说明了针对吞噬词语的国家的斗争如何同时也是对于这个国家的同情。这是诗所独有的"荣耀",是诗所承受的重担,这份重担是人民失明的领路人在黑夜里背负的重担的一部分。革命国家以文化服务的名义要求诗人做一个词语的供给者,而诗人则背离了他的这一职能。他之所以背离这

---

① 约书亚,《圣经》中的人物,是摩西之后的以色列人首领。——译注
②《言词与文化》,《论诗》,49.

一职能,是因为他要把词语提升到时间的高度,从而赋予革命一个新世纪的框架,赋予它一个由事物与逃脱了吞噬之境的词语所构成的历史世界。

把词(le mot)表现在时间的表面,就是将同一份工作展开于时间的两个方向上,就是一次双重的取消:它既取消了抒情之**我**(Je)走向其花朵的那种单纯的旅行,又取消了朝向主人能指领地的那种单纯的史诗性回返。一方面,这是一份针对当下(le présent)的工作。人们必须从逝去的时间里,从相似性的模糊空间里,赢得词语和事物自由而冒险的遇合这一事件的发生,赢得只有通过分离,通过再见的科学才有可能实现的那个"认知的瞬间"。问题并不完全在于将更纯粹的意义赋予那聚成了群落的词语——春天的燕子,新世界的太阳,日出时的公鸡,未来的大船或者为了将来的收获而开工的犁铧。问题在于为那些词语**解蔽**(desceller),让它们声音的质料有可能自由地漫步(errer),从而能够使这种可能成为一切躯体(corps)的灵魂,成为庇护着指涉之火焰的灯笼,或者说这是词语-火焰,它声音的质料闪耀在指涉的灯笼里。在苏维埃的夜晚——由诸种相似性所笼罩的夜晚——必须让幸福的词语闪耀起来,让"谵妄的"(insensé)词语闪耀起来,这个词语避开了冗长的共谋游戏,将"认知的享乐"给予了某个仍在雾中之人的"观看的手指"①。这样才能将新生活的诗性能指从国家-象征对这些能指的征用里撕扯开来,将它们的权力

---

① "认知的欣喜""观看的手指",出自曼德尔斯塔姆《我已忘记我想说的话》。——译注

(pouvoir)返还给它们:俄罗斯语言从自身的双重起源中获得了这份权力,这双重的起源,一是拜占庭文化同希腊文化的联姻,二是基督教圣言(verbe chrétien);或者,一是基督教的化成肉身之言,二是普赛克(Psyché)这位灵魂之神、冥府访客的传说,阿普利乌斯(Apulee)所写的故事将她放在了晚期希腊化的中心地带——这样一种权力已被转入俄罗斯语言的核心位置,它向俄罗斯语言传递了"希腊化了的世界概念的秘密,自由的言成肉身的秘密,**因此俄罗斯语言才变成富有语音活力的肉身,才变成充满言语天赋的肉身。**"①词语的这个能动的肉身,必须不惜冒险而在苏维埃之夜里激发出事件,激发出遇合的火花。基督教圣言的苦难等同于希腊灵魂自由的享乐。诗的英雄使命是一个带有嬉戏之使命的使命。诗的政治就是这二者的同一性,它既要驱除为艺术而艺术的幻象,也要驱除为无产阶级服务的艺术的幻象:

> 在彼得堡我们将再次相遇
> 就像在那儿我们把太阳埋进了土里,
> 我们将第一次说出
> 幸福的词语,谵妄的词语。
> 在苏维埃之夜的黑色丝绒里,
> 在普遍之虚空的丝绒里,
> 幸福者可爱的眼睛依然在歌唱,
> 不朽的花朵依然在盛开。②

---

①《论言词的本性》,《论诗》,75.
②《哀歌及其他》,129.

但是不朽的花朵若要开放,必须付出一定的代价,即声音永远都处于丧失自身的边缘:被遗忘在唇边的词语,跌落入雪中的燕子,非肉身化的、向影子的滞留形态复归的理念。只有在为诗所独有的夜晚——分离(séparation)的夜晚——关于自由的能指才能获得解放。通过重取 Tristia① 这个来自奥维德(Ovide)的标题,曼德尔斯塔姆重新采用了分离之夜的母体意象。但分离不再是诗人在诗句里歌唱的不幸的意外,而是诗歌的原则本身,诗人的科学。"没有哪个不幸的空间,"里尔克(Rilke)写道,"不是诞生自分离的。"对于曼德尔斯塔姆来说,如果不站在流亡的视角,诗歌的力量就不存在。如果不借助于将"夜晚奔涌的海水"划开的分离的力量,认知的时刻就不存在,这并不是对于苏维埃之夜的告别,而是苏维埃之夜的内部运动,它重新布置了这个夜晚,显现了意义与意象的层次结构——是它们构成了这个夜晚:

> 我已经学会了永别的科学
> 在夜晚狂乱的哀诉之中(……)
> 当我们说出这个词,"永别了",谁能知道
> 它给我们带来了怎样的断裂
> 当火焰在雅典卫城上燃烧
> 公鸡的歌唱向我们预示着什么
> 而在某种新生活的黎明时分
> 当犍牛缓慢地咀嚼它的稻草

---

① *Tristia* 系拉丁文,意为"哀伤""忧郁"。——译注

> 为什么歌唱新生活的公鸡
> 在城墙上拍打起它的翅膀?①

雅典卫城的火焰,马槽②里的犍牛,预示着日出的公鸡同时也预示着反叛,这是关于可见性的希腊-基督教机制(dispositif)所引起的反叛,它重塑了苏维埃之夜,重塑了指涉的框架,而这个框架正是这个世纪为了思考自身的历史性而必须赋予自己的。这样,面对时间展开的诗歌劳作,它的另一个面向就具有了意义:把时间的黑土——tchernozium③——翻转过来,把一切语言(les langues),一切词语的安排,一切过去的能指的沉积,都交给诗人来支配。"古典主义",曼德尔斯塔姆写道,"是革命的诗歌"④。他要求再一次出现荷马与普希金,奥维德与卡图鲁斯(Catulle)。但这一呼唤明显是反未来主义的,它的挑衅意味无法把过去的文化变成一部交由新生的革命支配的百科全书。因为在一定意义上,奥维德与卡图鲁斯、荷马与普希金都还尚未产生。他们的词语和诗句是还没有实现的诺言,是其主要可能性还有待发现的工具。因此,我们必须从时间的连续性中——从苏维埃小奏鸣曲中——把它们夺取过来,用"带有一千个音孔的长笛"重新演奏它们,赋予它们新的权力来产生事件。但这并非一个返归故乡的问题。况且也不存在走向故乡的朝圣之旅,在故乡,新的收获可以自我祈福。

---

①《哀歌及其他》,103.
②耶稣是在伯利恒的马槽里降生的。——译注
③Tchernozium,俄语,意为"黑土"。——译注
④《论言词的本性》,《论诗》,51.

只有犁铧翻动着这相同的土地,让时间的分层从土地中浮现出来:

> 好吧,那就让我们试试:庞大的、粗陋的轮盘
> 船舵的吱嘎作响的轮盘。

时间之船的船舵转瞬就成了"划开这海洋的犁铧"。诸元素的变形正适合于晨昏的混淆,在这个混淆的地带,革命的自由有它自己的场所。或许这个轮船/犁铧正好就象征着对于浪漫主义隐喻性法的批评:主人－能指的故乡的隐喻与波浪的隐喻——波浪使这些能指从一个世纪到另一个世纪旅行,或为返乡的奥德赛提供通路;朝着地下居所旅行的隐喻——借助这一旅行,意义的历史连续体获得了保证。曼德尔斯塔姆在诗的意义上结束了一个组织化的向着帕那索斯山或忘川旅行的时代,这个时代为场所提供了声音,又为声音提供了场所。他结束了一个向着死亡国度或故乡快乐旅行的时代。词语再也不会在诗作中旅行,而原本,这场词语的旅行同时可能是一场隐喻性的旅行,其目的地是最初的涵义产生的场所。希腊再也不是诗作以外的疆域,再也不会含蓄地或者明确地保障诗意的漫游①。它完全处于诗作的内部,处于它所建构的书写的场所。界定这一场所的最好的意象,是多面体的意象,这是曼德尔斯塔姆在但丁身上使用过的意象。寻常的世界的言说(dit)与特殊的新生命的言说都具有不透明性,在这种不透明性之中,诗切磋并琢磨出这个多面体,曼德尔斯塔姆的希腊完全处在多面体内部。它曾在那里的多个侧面上焕发出光芒,

---

① 原文为英文 wandering。——译注

经过多次反射而形成了一个透明性的游戏。在诗作的进程里,人们不可能从彼得堡革命的当下重新回到希腊的黎明,虽然它可以为当下提供原初的意义。希腊内在于彼得堡(Pétersburg)/彼得城(Petropol)①,内在于诗在书写的场所里所建造的这座石头之城与彼得之城(la ville de pierre et de Pierre)②:

> 大海的女神,威严的雅典娜
> 请摘掉你那用石头做成的尊贵的头盔
> 我们将死在透明的彼得城
> 那里的王者不是你而是珀耳塞福涅(Proserpine)。③

这首诗使涅瓦河与忘川变成了彼此互相透明的,它还用这同一个举动教导我们:一个既在诗内又在诗外的场所之外的场所(lieu hors-lieu)是不存在的。在忘川这条冥府之河里,意义在冒着风险前行,忘川不可能是一条能够用来作浪漫式移情的河流,历史学家米什莱(Michelet)夸耀说他已多次横渡这条河流,将声音交还给那些往生者,并用大地与死亡的汁液养育当前这几代人。忘川的透明性正是那股波浪的透明性:那波浪将灵魂与肌体分离开来,又在它们的分离中安排它们相遇。雅典娜是哲学猫头鹰的

---

① Petropol 是俄罗斯诗人常常采用的对彼得堡的另一称呼,意为"彼得之城",英语作 Petropolis。——译注
② Peter,源自希腊语,原意为"岩石",德语、英语、俄语均作 Peter,法语作 Pierre。——译注
③《哀歌及其他》,83,这首诗标题为《我们将死在透明的彼得城》。——译注

女神,是一切幸运的冒险之旅的保护者,但不是她,而是死亡女神珀耳塞福涅,掌管着涅瓦河与忘川的关系。我们必须测度这一变化。在此之前,整个现代性一直都把自身放在希腊复归的阴影之下。现代性把史诗建构成了一种思想,这一思想所思考的是具有完整性的旅程,是充满快乐体验的回返。现代性把史诗变成了百科全书,严格意义上的百科全书:词语在不同场所之间的环游和周游。① 现代性把尤利西斯变成了叛国者,变成了说谎者,变成了特定真理的英雄,变成了一个环游世界并用书中词语来包围世界的人。这就是曼德尔斯塔姆所所揭示的内容。关于史诗,他只知道它们都是分裂之书:无论是《伊利亚特》,还是《埃涅阿斯纪》下卷,它们都在讲述特洛伊的最后一晚。他知道,没有一个人曾回到过家里,甚至尤利西斯也没有,现代时期执意忘掉了这一点:尤利西斯被判处漂泊,他要一直漂泊,直到找到一个由不知道大海的人所组成的国家。谁也没回到过伊萨卡或者雅典,没回到过故乡,没回到过词语和事物和谐相处的那个自然的居所。每一个雅典都是被破毁的特洛伊。在诗的多面体内,这个彼得堡之夜的罗网森林或佛教世纪遗留的象征森林,这个分裂或叛国的原始场景再次出现:在那匹向石头之城进攻的木马的腹内,是亚加亚人长矛的森林。

诗是希腊化世界的根基,但又是诗分裂了作为整体的希腊。而这种分裂同时也是曼德尔斯塔姆诗思的张力。因为最后一个希腊梦就在他那里,萦绕在他一篇纲领性的散文里。与未来主义

---

① encyclopédie(百科全书)出自希腊语,encylo-意为"循环的",pédie 意为"教育"。——译注

的建筑梦与技术梦截然相反,他梦想着一个点着炉火的希腊,梦想着一个由生活基本物品所构成的世界,而这些物品是被俄罗斯语言的"小卫城"神圣化了的物品。所以,《论言词的本性》一文所召唤的这种家宅式的希腊主义,同俄罗斯语言在文字上的希腊主义是一致的:"这种希腊主义是牛奶壶,是火炉钳,是陶罐,是厨具,是碗碟,是围绕在身边的一切;希腊主义也是被作为神圣之物来感受的壁炉的热度,是一切财物,是与人相关联的外部世界里的一切元素,是你带着神圣的颤抖披在肩上的每一件衣服……它给周围的世界以人性,给周围的世界以热度,直到它有了目的论的微温。希腊主义是一个火炉,人坐在它的旁边,欣赏着它的热力,就好像这是从他自身散发出来的。"①但接下来的几行把这美丽的心灵居所变成了埃及的死亡之船:"最后,希腊主义是埃及人用于葬礼的小船,船上载着死者所必需的一切,以让他继续尘世间的朝圣之旅。……"至于诗,它自身的律规(discipline)没有为这点着炉火的快乐的希腊主义留出场所。诗歌的礼拜仪式颂扬着一个新的家宅式希腊,但追寻这个希腊的计划,只有在散文中才得到了表达。诗发现了家宅式不朽所本有的石室,但它已经被亚加亚人的箭、马、船所用的木头占据。普里阿摩斯(Priam)②的"高宅"是一个"战船的森林"——这是一个令人眩晕的转喻,这一设置指陈的是亚加亚人战船飞驶在特洛伊城的心脏地带——是威名赫赫的战船宛如"野鹤的长途飞翔"。亚加亚人预先就已摧毁了物什的希腊主义的梦。壁炉的或雅典卫城的火焰和特洛

---

①《论言词的本性》,《论诗》,85.
②特洛伊国王。——译注

伊夜晚的战火没有区别。希腊的起源就是那个发生了无可挽回的背叛的场所：

> 由于我不知道怎样握住你的双手，
> 由于我背叛你温柔、咸涩的唇，
> 我应该在拥挤的雅典卫城等待黎明。①

许多传记作者忙于在这里"寻找"那个被遗弃的女人的名字和历史。但她唯一的身份，是这首建构背叛场所的诗所赋予她的：

> 亚加亚人在黑暗中备好了木马……
> 为什么我离开了你，在真正的时刻到来之前，
> 在夜晚退去色彩，公鸡开始啼叫之前，
> 在燃烧的斧子把自己劈入木头中之前？

另一首关于彼得堡之夜的"情诗"赋予了她名字，在这首诗的讲述中，"我"不曾试图去占有那背叛的嘴唇：

> 我在花朵开放的瞬间寻找，
> 卡桑德拉，没有找到你的嘴唇，卡桑德拉，也没有找到你的眼睛。②

---

① 《哀歌及其他》，133.
② 《致卡桑德拉》，前揭，87.

51 "卡桑德拉"这个名字,这个在"血液干枯的喧嚣"中失去的名字,是一个典型的特洛伊人的名字:这是那个女孩的名字,她居住在被亚加亚人的木头所摧毁的那些高大宫殿里;这是那个外邦人的名字,她说着燕子的言语,在埃斯库罗斯的《阿伽门农》中,她在死去时宣布,这个凶险的日子产生自特洛伊的夜晚,这张背叛的网已为亚加亚人的船队统帅布下。但她同时也是那个年轻的女子,在诗集《哀歌》中,在这首和诗集同名的诗中,她俯身于蜂蜡之上讲述未来而死于对未来的讲述:

> 就是这样:透明的形象
> 躺在陶土做的洁净的盘子里
> 就像松鼠伸展开来的毛皮。
> 俯身于蜂蜡之上,年轻的女子在观看。
> 轮不到我们来探测希腊的幽冥
> 蜡之于女人犹如铜之于男人
> 唯有在战斗中我们才遭逢我们的命运。
> 但是女人会在讲述未来时死去。①

注意,在这首诗的透明性背后是这个形象的独一无二性。两性之间的任务分配似乎是仿效希腊古瓮的这组成对的形象:一个是手持矛与盾的战士,另一个是家神崇拜的女祭司。工作的性别划分和死亡中的命运共同体被构建成了一幅错视画(trompe-

---

① 《哀歌及其他》,105.

l'œil)。即使卡桑德拉和阿伽门农在埃斯库罗斯那里一同死去,但事实上他们也是一个侵略者和牺牲者的对子:因为一位拥有的是冒着返乡的危险所取得的胜利,另一位拥有的是空虚的关于失败的知识。而我们也都知道为了这种空虚的知识所付出的代价。这另一位,这年轻的女人,卡桑德拉,她被赋予了观看的权力及其格格不入的对应物:被理解的不可能性。但这种命运是对一个非常特殊的反抗行动的惩罚。传说,卡桑特拉被惩罚,是因为她拒绝把自己献给阿波罗这位缪斯之神。由此,她把脱离活动(dissociation)再现于诗性诺言的中心,再现于一切诗性诺言的政治的中心。而正是诗的反抗行动,使得脱离活动开始发挥作用,从而否定诗自身的乌托邦:

> 在苏维埃之夜的黑色丝绒里,
> 在普遍之虚空的丝绒里,
> 幸福者可爱的眼睛依然在歌唱。①

歌唱的眼睛这一快乐的形象肯定是自相矛盾的:眼睛观看而不歌唱。在箭矢横飞的夜晚,没有人听到这个看着蜡的人在说什么。一边是不能表达自身的视觉,另一边是已被提供给"观看的手指"的认知的喜悦,诗歌行动正是沿着这两者之间的通道而被展开的。但这是一条危险的通道,一方面,词语-燕子冒着遗忘的风险,这将使这只鸟陡然坠落在雪地上。另一方面,它冒着背叛的风险,这一风险最初同特洛伊之夜战斗的箭矢密不可分。对

---

①《哀歌及其他》,119.

于诗歌言述的**我**来说,背叛的风险优先于一切政治否认的问题。问题是:人们将付出怎样的代价,才能确保不迷失自己的道路?人们能够既去**观看**又被**理解**,延展诗歌启示性的表面,参与新生活的合唱吗?或许,阿波罗不完全是荷尔德林所取笑的那个新的"新闻记者们的神"。但他可能是一切鸡鸣的神,一切宣言和一切为革命提供诗歌的先锋运动的神——而在那些宣言中,有着一千个音孔的阿克梅派长笛所带来的陶醉,要同十五万个未来主义词语带来的陶醉一决高下。我们已看到:在这些创建者的散文中,诗学新教派的乐观主义始终是根据曼德尔斯塔姆的作品来界定的。但是这首诗的诗学并不是宣言的诗学。这首诗的诗谱同时把握了阿波罗与卡桑德拉,至福者可爱的眼与新生活的歌。词语-燕子的快乐通道,将家居之物予以希腊化的词语-**心灵**的快乐通道得到了证明,但付出了背叛那些未被听闻的嘴唇的代价。而分离之夜同样终结于一个两难局面:诗把这一问题交换给了诗人:在词语-箭矢的投射者与未被听闻的观看者之间,他难道不是已经做出了选择吗?诗人将宣言的圣餐给予了诗,这圣餐成了诗迫使诗人接受的激情。没有什么能平息血液干枯的喧嚣。这一纲领将赋予这个世纪以它自己的骨架。但只有混合着生石灰的血,才能把世纪的椎骨熔接在一起。诗人必须用相同的力量断定,他既是又不是这个"莫斯科甜点"时代的同时代人,不管怎样他都不是供奉**言词之圣餐**(l'Eucharistie du Verbe)的神父。诗谱是为产生认知的快乐瞬间才被展开的,但它常常合拢起来以指向那个不可能的形象,指向那些永远都被背叛的嘴唇的单纯轮廓:

关于冥河钟声的记忆

在我的唇上燃烧如黑色的霜[……]

人类的双唇，
在它们没有更多话要讲的时候
保留着吐露最后的言语时的形状[……]

请你永远记住我的言语，为了它那不幸的、烟的味道。①

曼德尔斯塔姆引导着诗性言述的**我**走向了这一地点：在那里，它不可再伴和任何事情，它变成了血的喧嚣和嘴唇上的燃烧。曼德尔斯塔姆选择不再做一个"被理解的"诗人，一直到他作为讽刺诗作者被解往他的死亡之前，而那些讽刺诗，对于那些"苏维埃小奏鸣曲"的艺术家来说，对于那些"穿着大衣、带着左轮手枪的普希金主义者"来说，太过容易理解了。关于"从克里姆林宫来的山居者"的讽刺诗标注的日期是1934年。但在这首自杀-诗作的11年前，曼德尔斯塔姆已经写下他的诗作-遗言——《找到马蹄铁的人》。马蹄铁将诗歌言语（它被它所颂扬的名字所颂扬）的圣物形象化为品达体颂诗（献给奥林匹克赛会胜利之荣耀的颂诗）最后的借代词，但它注定此后会成为门上的饰物或考古学考察的碎片：

---

① 《我已忘记了词》（«J'ai oublié le mot»），前揭，121；《找到马蹄铁的人》，[前揭]，169；《请你永远记住……》（«A jamais souviens-toi…»），[前揭]，213.

> 我现在所说的话,言说它的并不是我,
> 它被挖掘出来就像石化的麦子的种子(……)
> 时间切割我就像切割一枚硬币
> 而我已经失去了属于我自己的部分。①

最近发生了这一状况——尤其想到诸如切斯拉夫·米沃什(Czeslaw Milosz)等人的宣言——人们用东方的诗歌来反对西方的诗歌,在他们看来,东方诗歌是有血有肉的诗歌,它能够在它自我的斗争中保留抒情的传统,保留人文主义的史诗气息,而西方诗歌矫揉造作,已经被马拉美式的形式主义与神秘主义律令弄得疲乏不堪。曼德尔斯塔姆的经验表明,这样一种划分是一种骗人的把戏。马拉美式的、行动受限的"形式主义",即便是在掷骰子的行为中,都仍然保持着征服者的姿态,保持着同大众之间的共通,而大众才是神秘教义的沉默的守护人。② 先锋主义的决断允许诗人抽身离开政治的场景,以便"准备未来的庆典"。这在保存未来与过去之间关联的同时,勾画了诗歌先锋派与政治先锋派之间可能的同盟关系。相反,抒情之"我"的衰退和曼德尔斯塔姆被引向的那个通往沉默的入口,产生自他与伟大的抒情传统和史诗传统之间的对峙。由于他已搅动了"时间的腐殖质",以便在诗作中安排诗歌-政治游戏的主人能指,由于他在对政治严格性有着最高要求的时代严格地思考过诗的政治,曼德尔斯塔姆在一种无

---

① 《找到马蹄铁的人》,前揭,169.
② 马拉美:《天主教》(《Catholicisme》),《全集》(uvre complètes),Paris:Gallimard,1945:393.

可挽回的分裂中经验了抒情之"我"的丧失:

> 泥土的时代! 哦,垂死的世纪
> 我担心将只有他理解你
> 他蒙着无谓的微笑生活
> 他已失去了自己。①

---

①《1924 年 1 月 1 日》,《哀歌及其他》,177.

第二章
兰波：声音与躯体

55　　　让我们从兰波三个众所周知的表述(formulations)开始。第一个表述概括了其规划："我为自己骄傲，因为我发明了一种诗歌的言词(verbe)，迟早有一天，它会直接诉诸一切的感官。"(《言词炼金术》)第二个表述似乎表述了结论或悬而未决的想法："出售身体、声音、巨大的无可置疑的财富以及将永远不会被出售的东西。"(《贱售》)在这两个表述之间，第三个表述插入了这样一个问题：

> 通过我的言语人们理解了什么？
> 它能够带着他们逃逸与高飞。
>
> ——《噢，季节，噢，城堡》

那么，我们通过兰波的言语理解了什么，我们能够怎样定义这种使逃逸得以确定发生的"天才"？在方案——新的语言(langue)，诉诸一切感官的言词——与方案的了结——我不会说是方案的失败，因为，售卖者并不处在贱售的终端，旅客们并没有退还他们所购买的东西——之间，我们该如何思考他的诗所形成的感官效果？

有两种伟大的方式可以不对这一逃逸加以思考。第一种，传记学的方法，认为这和个人的出走没什么两样，我们知道，他恰巧过去就是一个离家出走的孩子。第二种实行的则是意象中止的方法：出走者同时也是一个预见者（voyant）。预见者的意思是幻想者或先知者，这是上一个世纪的形象，直到超现实主义时期他仍然受到尊崇，但今天已经很少有人再予以欣赏了。但预见者的意思同时还是意象的爱好者，是着色师，是那些**彩涂板**①的制作者，而根据魏尔伦的说法，**彩涂板**就是**启示**（Illuminations）。因此阐释者可以让先知者渐次展现，突然中止下来端详描画在**彩涂板**上的图案。对于每一个启示，他都要找出它的译文，这译文已为诗人所"预留"，他还说过："唯独我拥有那把钥匙，可以打开这场狂野的演示。"

无论是谁，只要他寻找打开文本的钥匙，通常就会发现一具躯体。发现文字之下的躯体，发现文字之中的躯体，曾被称之为**疏解**（exégèse），那时，基督教学者在旧约故事中辨认出很多作为**言**（Verbe）的化身出现的躯体的**形象**（figures）。在我们这个世俗的时代，这通常被称作祛魅，或直接称之为解读（lecture）。

诗的躯体

1961年年底，一份名叫《奇谈》（Bizarre）的杂志出版了，在姓名首字母R. F.之下有一个文本，题为："我们曾**读过**兰波吗？"（A-t-on LU Rimbaud?）在文中，作者罗伯特·弗里松（Robert Fauris-

---

①原文为英文 *painted plates*。——译注

son)**阅读**(*lisait*)了十四行诗《元音》(« Les Voyelles »),也就是说,他将这具躯体命名为已得到描画的、表面看来任意的元音游戏,因为人们关心的并不是词语。如果[字母]I 的红自称是"美丽的唇",如果[希腊字母] Ω 自称是"**她的眼睛的紫色光线**",那么就可以把诗作的意义等同于女人的躯体,"她的眼睛"就是这个女人的眼睛。然而,如果人们知道怎么去阅读(lire),这一点在标题中就已经被说出:VOYELLES[**元音**],或者 VOYE-ELLE[**看-她**]。若要**这样**看,只需把 A 颠倒过来,毫无疑问,这样它就准确形绘(figurait)了女性的性器官;只需把 E 倾侧过来,就可去欣赏两个雪白的乳房所形成的骄傲的凸起;只需把 I 倾侧过来,就是美丽的唇的图案;只需把 U 颠倒过来,就可以赋予她一头卷发。这样我们就来到 O 这个大喇叭这里,来到她的眼睛的紫色的 Ω 这里,我们就理解了某一个**他**(*Il*)付出光辉的努力就是为了求得横卧在文字之间的躯体,强烈的极乐感已经表达在她的眼睛的紫色光线里。由此,人们就在"**元音**"(Voyelles)中看到了"**她**"(Elle),人们就可以向文学教授的假正经与哲学家的穷唠叨展示,什么才是真的"阅读"一首诗。简言之,人们既证明了侦探小说的谚语(找出那个女人),同时又证明了希庇阿斯(Hippias)的格言,祛魅者的格言:美就是美丽的女人。一首美丽的诗就是对女性美丽的躯体的再现。

  文学教授和兰波学学者对此会感到有些焦躁不安,各种情绪都交织在一起。然而,毕竟,有一具躯体在诗中人们总是快乐的,尽管这不一定符合礼仪的要求。在对"看出的"意义的展示中,文字的躯体消失了,这种消失正好对应着我们在"解读"(lecture)这个术语中所常常领会到的内容。我们曾读过兰波吗?在他那里,我们发现解读(lecture)的 L，灵感之翼(ailes)的 L 以及具有完满女性身体的 ELLE[她]了吗？我们发现 L-Elle——解读者在其中无限地凝视着他自己的阅读——了吗？

但兰波没有做别的事情。他并没**读**(*lit*)兰波的诗。他书写它们。尤其是，他提前写下了他的"解读者的"解释。他已经通过这个相关的女人作出了决定。这个相关的女人，不是布格罗(Bouguereau)笔下的维纳斯——弗里松曾通过展示她诱人的形式来支撑他自己的论证。这个女人一定是妮娜(Nina)，诗人已经用生动的诗行暗示过她，她仰面躺着，以便于他能和她说话，嘴对嘴地(langue à langue)①说话：

> 双眼半闭(……)
> 我心悸动，我会把你带上
> 一条小路：
> (……)
> 我会在你的嘴里对你说话；
> 我将走上前，紧抱住
> 你的身体，就像抱着一个要睡觉的孩子，
> 饮下了血
>
> 血流在你白色皮肤下的蓝色血管中
> 带着玫瑰的色调：

---

①法语中的 langue，既有"语言"的意思，又有"舌头"的意思。这里依照中文的习惯，译为"嘴对嘴"。——译注

> 对你说着直率的语言……
> 瞧！……你已经知道……
> ——《妮娜的妙答》(Les Réparties de Nina)

问题恰恰在于,妮娜不知道这种语言。对于这种语言的生成语言(devenir-langue),她回应以这个著名的妙答:**而我的办公室呢?** 办公室是工作的场所,严肃的雇员使她想起梦中的情人。但办公室也是书写(écritures)的场所,它让诗人返回到他的书写之中。《妮娜的妙答》不止是一次戏谑。它所指出的内容支配着诗的第一次分裂,既抑制了作为解读之另一面的书写,又阻止躯体与诗行同时被列入声音的吁请。事实上,这一运作缺少了两件事情:语言和女人。"今天,她们鲜有和我们一致之处,"兰波在另一个地方写道。我们必须严肃对待这里对于不一致和"不融洽"的申述。无疑,这一申述已被刻写在时代的构型之中:圣西门主义者就已经做过这样的限定,他们指出,在未来的夫妇/人类中,女性拥有的是一个空的位置:空的位置属于这样一种人,她还无法被归类,她还不了解自身,也从未言说过自身。这个未被言说的部分,进而,这个阻止新人类的**言说**(dire)进入新的**践行**(faire)秩序的部分,可以用诗的形式加以书写。兰波就欣然将它写进了一个主要的意象:这就是眼睛或瞳孔的意象,这一意象并没有对得到满足的欲望作任何心满意足的表达,相反,它标示了其本性的不确定性。由此,我将返回到《仁慈的姐妹》(«Soeurs de charité»)一诗,这首诗悬置了认同问题(仁慈的女人/姐妹),而认同是这个世纪诗歌的**主题**(topoi)之一:

> 但是,女人啊,你满堆的肺腑,温柔的怜悯
> 你绝不是仁慈的姐妹,绝不是
> (……)
> 尚未醒觉的盲女有着巨大的瞳孔,
> 我们所有的拥抱都只是一个问题。

巨大的瞳孔属于这个尚未醒来的盲女。但在无法命名的满堆的肺腑与仁慈的姐妹的意象之间,**她的**眼睛恰恰是一个盲点:使人盲目的点,不可辨识的点,它把诗作的躯体和诗作"主体"的躯体分离开来。尚未醒觉的盲女是这首诗真正的"谜团",在文本与视象(la vision)的和谐一致中所缺少的正是她的眼神。

这首诗把这个谜团形塑成了一个意象。但同时也根据叠韵法的法则对它进行了反复推敲,它将尚未醒觉的盲女(l'aveugle irréveillée)和她的瞳孔(prunelles)中 L 和 R 的乐音推及到了它所有的谱表。因为,如果没有《言词炼金术》所界定的这种增补性操作——"确定辅音的形式与运动",就无法赋予元音以色彩。确定元音色彩的诗行(A 黑,E 白,I 红,U 绿,O 蓝,元音[*A noir, E blanc, I rouge, U vert, O bleu, voyelles*])至少有两个不一样的特性。首先,它是一个完美的六音步的诗句,是一个拉丁文的诗句,而不仅是一个法语的诗句。其次,一上来它就使 L 音与 R 音的冲突发出了声响,这将赋予这首诗一个感性的躯体,一个书写的躯体,或许,这躯体比布格罗的任何一次仿制都更为坚实:"*corsets velus, glaciers fiers, frissons d'ombelles, rire des lèvres belles et vibrements divins des mers virides*"[毛做的背心,骄傲的冰河,伞形花的战栗,美丽嘴唇的微笑和绿色海水的神圣激荡],[这样的诗句]把十四

行诗的乐曲引向了"曲终小号"(suprême clairon)的高潮。

确实,流音(liquides)和流音组合的游戏对于任何一首诗来说都是非常重要的,就像它对于语言的一般状况来说非常重要一样。但是兰波把这一点发挥到了极致;他把它变成了一种强迫性的音乐,把所有 L-elle 的流动性都呈现在 R 音的颌骨上:[这是]小号和鼓的固定音型,它一行接一行地消磨着兰波的诗,从"trois roulements de tambour"[三通响鼓]①、"grand soleil d'amour chargé"[负载着爱的伟大太阳]和"bronze des mitrailleuses"[机枪的青铜]②的韵律,到"nous massacrerons les révoltes logiques"[我们将屠杀逻辑的反叛]③及"fanfare atroce où je ne trebuchet pas"[残酷的军乐中我没有踉跄失步]④的散文。其姓名起首字母的音乐,兰波(Rimbaud)的 R 音,在号与鼓的吹打中无限地回荡。切实说来,它还是诗的母语——维吉尔(Virgile)的拉丁语的音乐,是 *Arma virumque cano*[我歌唱战事和那个人]⑤的音乐,是 *tu Marcellus eris*[你将成为马尔塞鲁斯]的音乐,或者说是 *Insonuere cavae gemitumque dedere cavernae*[空虚的洞穴发出回声和叹息]的音乐。这是[人类]童年时代的音乐,小兰波在 14 岁时就已经致力于此,他的第一篇拉丁文诗作还给我们保留了下来,题为"小学生的幻梦":

---

①见《七岁诗人》。——译注
②见《让娜-玛利亚之手》。——译注
③见《彩画集》中的《民主》一文。——译注
④见《彩画集》中的《沉醉的清晨》一文。——译注
⑤维吉尔《埃涅阿斯纪》开篇的名句。——译注

Ver erat et morbo Romae languebat inerti Orbilius

让我们暂停一下，我们最起码得看看兰波的第一行诗说的是什么。这行诗至少有两个特点是值得注意的。首先，这是 r 音的铜管乐，否则它就是 r 音的不和谐音。其次，主题的引入有些生硬，[一上来就是]*Ver erat*："**春天已至。**"无疑，好学生兰波可能已经在他的《朝圣进阶》(*Gradus ad Parnassum*)①中发现了用几许小鸟的呢喃、春水的流动或树木的萌芽来引入主题的方法。但他却弃之不顾，而是生硬地利用 Ver 这三个字母的浑浊声响，强制性地规定，对于诗歌中的春天来说，这个词以一种令人眩晕的方式充当了以下几个词的同音词：诗歌的诗句(vers)、色彩中的绿色(vert)以及果实中的蠕虫(ver)——邪恶的蠕虫，而《言词炼金术》将告诉我们的是，邪恶的蠕虫不过就是"快乐"的蠕虫。

如果诗人兰波的第一个词语不是恰巧也是一首诗的第一个词语，而如果这首诗的主题不是恰巧又是诗人的加冕礼，那么，这个词语也许不会那么触动我们。因为那只是小俄尔毕利乌斯(Orbilius)的幻梦：在天鹅与鸽子中间，阿波罗驾着金色的云彩到来，向他显现了自身。这位神灵将蘸着天国的火焰，在这个孩子的额头上，用大写字母写下这些词语：TU VATES ERIS：**你将成为一个诗人**，这是加冕礼的箴言，但每一个拉丁语学者都将从中听到维吉尔"你将成为马尔塞鲁斯"[这句话]的回声，维吉尔的这

---

① *Gradus ad Parnassum*，是钢琴家 Muzio Clementi(1752 – 1832)写作的专门针对钢琴演奏中所出现的各种技巧的练习曲集，其标题直译为"迈向帕那索斯山的阶梯"，一般意译为"名手之道""艺术津梁"等。——译注

句话是用诗向已为死亡所捕获的、帝国的继承者所作出的关于伟大的承诺,是用伟大的承诺为这个死去的孩子所作的祝祷,而同样为大家所熟知的是,这首诗接下来的部分,为这个孩子洒下了成把成把的百合花[*minibus date lilia plenis*]。在另一首诗《天使与孩子》(«L'ange et l'enfant»)中,我们将再次发现这成把成把的百合花:在那里,孩子被天使召到了天国。但这个幼小的死去的孩子,已变成天国的婴儿[*coeli alumnum*],他将带着他天使的翅膀显现给他的母亲,他将从天国向正朝着他微笑的母亲微笑[*Subridet subridenti*],而在最后一行,他将让他母亲的嘴唇贴上他神圣的嘴唇:

Illaque divinis connectit labra labellis

这里的 *labra labellis*,"嘴唇对嘴唇"——这是妮娜的情人所不会拥有的权利——恰好就是《元音》里的那句"rire des lèvres belles"[美丽嘴唇的笑]从语音角度所翻译的内容:对一首诗的文字进行翻译,不会译成她的"躯体",而只会译成另一首诗的文字。修饰着(qualifie)这些嘴唇的形容词 *belles* 并没有使这些嘴唇获得质量(qualité)。它所做的一切只是对拉丁文的 *labellis* 在字面上进行转写。而嘴唇的笑所意指的不是任何女士的快感。它所指涉的是死去的孩子的母亲,这个孩子作为死者在一种死去的语言中书写,以让他的母亲的嘴唇贴上他的嘴唇。从拉丁文到法语的这一翻译过程,并没有给予我们**元音**的"感觉"。在这里,重要的并不是解释**元音**,而是确定这样一种声音:它把诗变成了可言表(articulable)之物,它从死去的嘴唇的吻中孕育了自身,从嘴唇对嘴唇的"成功的"交流中孕育了自身:这是死去的孩子、死去的诗人同母亲的交流,这个母亲创造了妮娜**妙答**的严格对应物,但她拒绝了那样一种人的吁请:那种人想要创造一种属于他自己语言/舌头的语言,以便让她躺卧在诗歌的小路上。

这样,希庇阿斯和弗里松的"美丽的女人",祛魅者的美丽的女人最后就被严格地一分为二了,即使——特别是假如——这种分裂被形塑成了一个独一无二的意象,被形塑成了谜团的意象:尚未醒觉的女人的巨大瞳孔。诗的躯体,诗的不可形塑的躯体,正是这种围绕着一个眼神所形成的语言的喧嚣,我们不知道这个眼神明白了什么,我们也不知道它意指着什么样的欲望:儿童时代的语言的喧嚣还是围绕着秘密所形成的一种死语言,这是它(elle),一个**她**(ELLE),将永远不会说给我们的秘密。

通过阅读《洪水之后》,我们可以关于这个她多说一点什么。在这里,我们知晓了,她并不是令人爱慕的欧夏丽斯(Eucharis),不是那个说春天到了的人。春天到了,这是一个公开的秘密。诗人从他的第一首诗的第一个词语就知道了这一点:Ver erat[春天已至]。秘密的守护人(détentrice)并不是令人爱慕的缪斯(Muse),缪斯在炫示诗歌诺亚方舟的珍宝,炫示"散布着牲畜的牧场的安宁"①。秘密的守护人是别一个人,这个人使炼金术士脸上起满了皱纹:"这个**皇后**,这个在陶土的罐子中燃起炭火的**女巫**",她"永远不会告诉我们她知道什么,也不会告诉我们我们不知道什么"。②

---

①见《元音》。——译注
②见《彩画集》中的《洪水过后》一文。——译注

当然,这里的皇后,本是给那个人命名的尝试,那个人,她已让死去的孩子吻上了她的嘴唇,那个人,因为她的痛苦,因为她的孩子的痛苦,已经背负了一个专有的名字,这个名字的起首字母萦绕着亚历山大诗体的隆隆鼓声:明说的话,这就是他的母亲,兰波夫人。围绕着这位作为女巫的皇后,从那个眼神的谜团开始,从《七岁诗人》的那句"会说谎的蓝色眼神"开始,[兰波的]诗肯定可以在其四散的存在中被统一成一个整体。从那里开始,《元音》可以被形塑为它所期望的那种诗歌本身的徽记。我们由此会认识到:

——在字母 I 中,是诗的起源和宿命:那些"美丽的嘴唇",四周环绕着咯出的血、愤怒、陶醉与忏悔;

——在字母 U 中,是**言词**炼金术的规划,这种炼金术自称同时存在于两个地方,一是在醉舟朝着外海的顺流直下中(绿色海水的神圣激荡),一是在圣徒或勤勉的老人的劳作中(皱纹的安宁/炼金术将这皱纹印在了圣徒宽阔的前额①);

——在字母 E 中,是诗歌旅程的几个极点:它们框定了这样一个原始的场景——被《记忆》中"站立良久"的母亲踩踏的"伞形花的战栗",极地冰山顶端的白色,东方博士(rois magis)与非洲帐篷的白色;

——在字母 A 中,在围绕着腐臭翻飞的苍蝇的黑色背心中,是关于诗的其他来源的强迫性意象:完全不同于眼神的谜团,也完全不同于冰冷嘴唇的碰触,这黑色的、具有象征意义的昆虫,追

---

①见《元音》。——译注

逐着一个模糊的欲望客体,它既有厕所的臭气,夏季厕所的臭气,又混合着对面的工女肌肤的芳香:这是"爱恋着琉璃苣,又在客栈的小便池里喝醉了的苍蝇"①,这是一群"肮脏的飞虫",《高塔之歌》将牧场交付给了苍蝇,同时也把它交付给了遗忘。

因此,我们并不能够给予诗作一把打开它的钥匙,只能描画它的表述的躯体,描画这样一个感性的网络,根据这个网络,最初的眼神与嘴唇之间的分歧被归类成若干主题与论调,而在这些主题与论调里,躯体与声音既互相联合,又彼此分离。《元音》可能就给我们提供了兰波诗歌的表述的躯体:这是家庭小说的能指以诗歌机器的形式所形成的构型。

这样,通过确定诗的表述躯体,我们遇到了这样一种解释,它将兰波的书写看作是家庭小说的铭文。这里我想说的是皮埃尔·米雄(Pierre Michon)的一本精彩的书:《斯儿兰波》(*Rimbaud le fils*)。在评述拉丁文诗句所发挥的母型(matriciel)作用时,米雄从中看到了"好笑的小礼物",看到"几许俗套的语言",儿子用这些来满足母亲的欲望,而母亲虽然不懂拉丁文,却看出其中有一道鸿沟,与她的鸿沟相比甚至要更深,深到儿子在结束时想要吞食掉他的母亲。因此之故,严格说来,是这个隐藏起来的母亲,书写了兰波-诗作:这个在"小黑屋"中殴打儿子的母亲,也把自己锁进了"小黑屋";这个女巫不说她自己知道什么,但她用相当猛烈的责打,打断了儿子所写韵句中的那种诗歌语言,打断了亚历山大体"十二音步的大幕杆",而家庭小说就悬挂在这根幕杆上。

我们可以用这种方式来讲述事情。米雄这样做时满怀喜悦,

---

① 见《地狱一季》中的《言词炼金术》一文。——译注

他把**传－记**(*bio-graphie*)提升到了概念的高度：书写－生活(l'écriture-vie)，被书写的生活，在书写中生活，这些概念彼此之间是等值的。然而这样的结论在提取时是充满风险的，因为可能并没占有太多的关于诗作的细节。事实上，只需注意妈妈用脚踢打这个动作就够了，她在动作中加入了自己的叫喊。但从脚的踢打产生的这些东西丧失了它们的重要性，甚至丧失了它们本可夸耀的诗艺或政治。如果是母亲在儿子的小屋里书写，那么诗本身或许就注定处于碎片的状态，处于残屑的状态，或者如《饥饿的节日》所说，变成小堆的、小"片(片)的黑色空气"之中的东西：这空气既是歌谣，又是大气，同时还是兰波(Rimbaud)这一专名首字母(R)的同音词①。由于一片黑色空气和一片黑色的 R 彼此之间意义是相同的，那么我们就可以任由诗自身的行为落入无差别的形态。

世纪的传奇

这是一个解决办法：辨识踢打这一动作的生产机制，但并不把这一辨识的构造转化为关于兰波诗歌的话语，而是把它变成另一首诗。这似乎是一个合乎理性的选择，而诗也值得这样去做。但是，这样一种推理是不是有一些太过于宿命论了？先是兰波，后来是我们都思考过这一问题：从人并不创造"他们的"历史这一事实出发，我们是否应该得出结论说，他们——首先是兰波——甚至也不能创作他们的诗，除了转写隐藏在他们之中的母亲对他们的踢打之外，他们决不能做任何事情？这里我们将采取另一个选择。我们假定：兰波自己讲述过某些内在地值得去思考的事

---

① 法语中字母 R 与单词 air 发音相同。——译注

情,而一个独一无二的思想事件会推动兰波的诗歌,使其不止于是对家庭小说的转写。这一事件,将家庭小说及它的童年时期的拉丁文与另一种传奇及另一种音乐结合了起来,这是19世纪的伟大音乐:高歌猛进的科学与催启黎明到来的新工艺;迷信的破除,爱情的兴起,自我展示的女性,照耀东方的光明;未来城市和它光辉的躯体,新起的工艺和新起的爱情兄弟般的合唱。

这一铰合的发生伴随着小号的吹奏,伴随着语言实验和语言乌托邦:它是对一种诗歌的发明,这种诗歌已经提前成为音调和谐的未来语言;它是一种关于声音与躯体的理论,是一种预支了并预期着将来的契合的实践。这一发明正是《预见者的信》①所提出的方案,是《醉舟》的运动所摹仿的内容。当然我们无法再用超现实主义者的眼睛来阅读这些文本了。他们读出了即将来临的自由,而我们读出的则是这个时代的老调子,是19世纪预言书的**传统主题**。这或许是因为这个世纪已在我们的世纪完成了它漫长的征程。但也是因为,有少数一些人,首先是兰波,已通过书写为我们把这个世纪确定了下来;因为兰波已在诗作的谋篇中,容纳了他的世纪的所有维度和所有主要的方向,他已经书写了他的世纪的密码。

通过兰波来思考世纪"书写"与传统的影响研究无关。空洞无益的论争却永远都在这一研究领域里打转。有一些人争辩道,他一定在沙勒维尔(Charleville)图书馆,或在他的那位致力于神秘学的朋友布列塔尼(Bretagne)那里,读过这个人或那个人(例

---

① 《预见者的信》,即兰波1871年5月15日写给保罗·德梅尼(Paul Demeny)的信。——译注

如，傅立叶、昂方坦［Enfantin］或埃利法斯·列维［Eliphas Lévi］）的书。另一些人则在图书馆这一时期的馆藏目录里徒劳地搜寻这些作品，探询他在哪里找到的时间来阅读这些社会理论和神秘科学，他们想在他的诗作里找到这一问题的踪迹。但我想再次强调，这不是阅读的问题，而是书写的问题。兰波并没有读过他所在世纪的这些理论，但他书写了把这些理论连接在一起的这个世纪。尽管这些人自以为自己博学多闻，但书写一个世纪，并不需要那么多的预备性研究，它需要的只是认真的凝视（regard），而由此就会与那些共处于同一个境域，但永远不会相遇的书写产生交叉。一个要书写19世纪的人，肯定会交叉到的书写诸如：

——弗拉马里翁（Flammarion）的某些谈话和费基耶（Figuier）的一两卷作品；

——几期《风景杂志》（*Magasin Pittorsque*）与《环球》（*Tour du Monde*）；

——斯克里布（Scribe）写的一些轻喜剧以及由他或他的同行写的一些歌剧剧本；

——一两份世界博览会的报告；

——几本由圣西门、傅立叶、巴朗什（Ballanche）、阿扎伊斯（Azaïs）、朗斯基（Wronski）的弟子和再传弟子以及所有关于爱、社会和劳动的新宗教的发明者成批量出版的种种小册子——在这些小册子当中，盘根错节地混入了各种各样的内容：再造的语言、未来的城市、女性的解放、化肥的推广、乡间小路的发展、工人的住房、未来的雌雄同体、节能的火炉与星体的永恒。

对于这种汇编的材料，唯一恰当的做法是施用合适的解读模板：某种识字课本、祈祷书或童话歌谣。一种认真的精神能够把这个世纪置入诗作的谋篇。这绝对不是说要去概括这个世纪的理论或者歌唱这个世纪的希望。它的意思是勾勒出一条线路，将这个世纪的能指及散落的标记连接起来，例如：

——女性与铁路；

——水晶宫与郊区工人音乐；

——露天咖啡馆与东方世界；

——《米歇尔和克里斯蒂娜》(*Michel et Christine*)与野蛮人的洪水；

——《茶花女》与新基督教。

所有这些关联，从其他关联中挑选出的这些关联，我们可以证实，它们就在兰波的诗作之中，或者更确切地说，它们就**是**兰波的诗。由此，我们可以超越那些解释的论争，这场论争有两个相互对立的阵营，我将分别称他们为考证派与幻想派。第一个阵营致力于辨认诗作所描写的场所与场景。例如，他们确定，《洪水之后》中，"辉煌旅馆"就是巴黎歌剧院对面的一家旅馆，其他场景都在斯卡布罗(Scarborough)或别的什么地方。第二个阵营反驳说，兰波从来没去过斯卡布罗，而在**彩涂板**上，除了诗歌幻想的自由游戏，别的什么东西无论如何都看不到。最后，第三个团体将会来调和现实与幻想，他们证明，这些都是视像，都是幻觉，而鸦片或大麻是致幻的唯一原因。

很明显，这三种态度，一点都没有解释兰波的碎片向我们表现的内容。让我们举例来说，看看《彩画集》(*Illuminations*)中的一系列《城市》(«Villes»)。它向我们表明，这是世纪之旅，这一旅程被安排在一个视像空间之内，而这个空间内的层次是混乱与脱节的。在碎片的城市里还有好多城市或者说"世纪城市"的碎片：工业大都会,由郊区围绕着的新巴比伦;未来带着长廊和拱廊的傅立叶城;世界博览会和水晶宫的幻象世界;音乐广场与露娜公园的音乐广场;——这座城市赋予自己的是整个宇宙的景观,它在自己的剧场、节日与展览馆里树立了森林、山脉、瀑布、沙漠、东方、极地的布景。但此外还有一种城市,它已经被具有预见力的诗人与鸦片的吸食者书写为幻象世界,这就是波德莱尔的城市,爱伦·坡的城市以及托马斯·德·昆西(Thomas de Quincey)的城市。

因为兰波的"幻觉"有独一无二的特点。他承认有些幻觉是大麻的效果,承认《沉醉的早晨》的"方法"是"毒品"(poison)的方法,它通过扰乱感官来催生它们的新语言,但即便在这个时候,这些"现实的"幻觉仍奇怪地忠实于波德莱尔对药物效果的描写,忠实于他对托马斯·德·昆西的顺应。《彩画集》中的风景不止一次地使人回想起[波德莱尔的]《人造天堂》中的风景,那些梦幻城市,它们"壮丽的建筑物像在布景里分段排列",它们的"博物馆中充满了美丽的形式和醉人的色彩",它们的"图书馆里集中了科学的著作和缪斯的梦想",它们的"汇集起来的乐器以一个声音说话",①它们就像是用"整个人类的工作与受难",为预见者——并只为他一个人——创造的礼物。《人造天堂》第四章中的一些句子可能概括出了一种方式,通过这种方式,言词的炼金术和城市的变容图汇集到了同一个视像之中:"锯齿状的风景,变动不定的地平线,因风暴如死尸一样的青灰色而发白的城市的远景,或者

---

① 这几句引文均见于波德莱尔《人造天堂》,此处用郭宏安译文,见波德莱尔:《巴黎的忧郁》,郭宏安译,上海:上海译文出版社,2009:186.——译注

被夕阳的凝血照亮,——空间的深度,时间的深度的寓言,——演员的舞蹈,动作,或者朗诵,如果您被投入一座剧院,——第一句话来了,如果您的眼睛落在一本书上,——一切,存在的一切都在您面前站立起来,带着一种迄今不曾想到的新的荣耀。语法,枯燥的语法也变成某种启发性的魔法的东西;词语有血有肉地活了,名词威风凛凛,形容词,透明的外衣裹着它,给它颜色,动词是运动的天使,使它晃动起来。"①

这样,大麻吸食者和鸦片吸食者的城市就已得到书写,已被认作是漂移在城市与郊区之间的空间,被认作是城市与郊区奇异地相遇的空间,[兰波的]《工人们》叙述过那种相遇:那是温煦的二月天里两个"已订婚孤儿"的散步,是诗人和他"亲爱的意象"——身穿上个世纪的棉布裙,头戴飘着丝带的无边软帽的妻子——的散步。这个身穿方格裙的亨瑞卡(Henrika),可以暂且当她是魏尔伦,像某些人所喜欢的那样,或者当她是诗人幻想力的自由创造,像另一些人所偏爱的那样。但其实,关于新巴比伦与其郊区这两个"已订婚孤儿",波德莱尔已把他们列为世纪的传奇,不过是以托马斯·德·昆西和他那位沦为妓女但却忠贞纯洁的安娜的名义,这个安娜,同时还是童话里的姐姐,她凝视着那座最高的塔,她跌进《饥饿的节日》以求骑着驴子逃入石头的风景。

再说一次,这不是作传要领的问题。这是世纪密码的问题。在种种相遇中有一种相遇为这个世纪作了编码:这就是新巴比伦大街上两个孤儿的相遇。一个男孤儿:这是家庭的儿子,他摆脱

---

① 波德莱尔:《人造天堂》,见于《巴黎的忧郁》,郭宏安译,上海:上海译文出版社,2009:179-180.——译注

了监护人对他的监管,他是路人,是诗人,是对未来进行实验的人。一个女孤儿:这是人民的女儿,是贞洁的、沦为妓女的女人,在兰波那里她被认作是城市本身:这是贞洁的、受难的、被过去糟蹋而又承载着未来的城市,这是巴黎狂欢节的"妓女巴黎",也就是说,是流血周的"妓女巴黎",在(她的)清亮的瞳孔里仍留有:

一点春季野兽的善良。

兰波并没有描写任何城市风景,也没有重述任何社会理论。他没有做别的事情:他书写了他的世纪。他确定了这个世纪的密码与徽记。他核实了它的坐标,在它们之间,在同一个空间之内,确立了一切可能的连接。他使这个世纪变得显而易见,但同时,他又使它变得难以辨知。然而,他在这样做时,仍盼着去做不同的事情。事实上,他想要走在这个世纪之前。他试图给予这个世纪它所缺乏的东西,以完成它的方案,使其拥有光辉的新躯体,拥有一种语言:这是将来的语言,是属于完整的躯体的语言,是属于能量得到聚集的共同体的语言("这是重新建构的声音;这是对合唱与管弦乐所有能量及其即时运用的亲切的唤醒"①)。

为共同体的新躯体发明一种新语言,乍看起来似乎是发明者的任务。但它也是一个预见者的任务,是上帝之子的任务,它联系着《焦虑》(《Angoisse》)一文所称的那种"原初自由(franchise)的逐渐复还(restitution)",在早期教父们的希腊,这种复还被称作 apocatastasis:恢复[亚当被]审判(la condamnation)之前的躯体完

---

① 见兰波《彩画集》中的《贱售》一文。——译注

整性。

简言之,家庭小说与世纪之歌及其新语言之间的铰合,个人救赎与集体救赎之间的铰合,有赖于非常确定的条件。兰波很早就意识到,这一铰合意味着合二为一。新语言可能有两个名字:一个,毫无疑问,就是炼金术;另一个,则极其令人生畏,是新基督教。

言词的炼金术:这件事构想起来非常容易。这就是把言词(verbe)制成金子的问题:一旦撕去"本来是黑色的蔚蓝"的面纱,就可以把这个世纪的词语(mots)放到径直照射的阳光之下。它有两种程序:一是图画程序,即以一种印象主义的方式,把光照进事物的核心;二是新异教人文主义的哲学程序,把光置于事物的中心,以便让它闪耀于人与人的之间的关系。这一规划将掩盖掉兰波的世纪的终结和我们的世纪的开始,而在这一规划的背后,我们认识到,这个世纪的发明者从未停止用传统工具来锻造新事物,而这些工具都继承自先前的世纪:一点卡巴拉(kabbale),一点古代象形文字的秘传智慧,一点语言的普通语法与原始词根,就把普遍语言的优点和神秘语言的力量结合了起来。

但兰波知道,新语言要求的是比炼金术的杂货堆更多的东西:这种东西更为宏大,同时也限定得更为严格。他知道,他告诉我们,他——无论是否愿意——都处在西方之中。他审慎地确定了这个西方的位置:"这片土地与基督教"。① 尽管所有光照派教徒(Illuministe)和新异教徒的五金店都在说,我们可以弄出点动静,并且,有半个世纪都在准备弄出点动静,新时代只有一个真实

---

① 见《地狱一季》中的《坏血统》一文。——译注

的名字,这是圣西门赋予它的名字:新基督教;就是说,这并不是[教友]弟兄情谊的重新抒发,而是具有更为彻底的意义:这是躯体的一次新的复活。

拯救的地狱

兰波作品中的宗教问题,是一个如果不是有不悦我们就不会着手处理的问题。它注定会激发起关于诗人"皈依"的争论,激发起关于伊莎贝尔·兰波(Isabelle Rimbaud)－帕特诺·贝里雄(Paterne Berrichon)－保罗·克洛岱尔(Paul Claudel)这一地狱三重唱所要阴谋的争论。不管人们对此有怎样的意见,事实仍然如诗人自己所说,"神学是严肃的"。① 皈依的问题是传记或圣徒传的要点,它只能唤起牧师或反－牧师的兴趣。但新基督教的问题事实上是《地狱一季》的中心问题,在这部作品中,作者宣布并廉价出卖了关于言词熔炼和生活改变的方案。神学是严肃的。为荣耀之躯发明新语言的人知道,"说新的语言"(parler la nouvelle langue)在《新约》中被说成是"说方言"(parler en langues)②,他知道,"说新的语言"是一种超凡能力(un charisme):这是一种神奇的本领,类似于《地狱之夜》所追念的那种"在水面上行走"(marcher sur les eaux)③的本领;这是给予使徒的一个礼物,是赋予使徒的一项本领,它以慈爱(la charité)为前提,而为了使慈爱成

---

① 见《地狱一季》中的《地狱之夜》一文。——译注
② 见《新约·哥林多前书》,此处用和合本译文。——译注
③ 见《地狱之夜》,原文为 Jésus marchait les eaux irritées(耶稣走在激荡的水面上)。耶稣在水面行走一事见《新约·马太福音》。——译注

为前提,它将慈爱放在离这一术语公认的意思无限遥远的位置上。慈爱是一个接纳一切的人所收到的绝对礼物。他必须像《地狱之夜》再次宣称的,拥有一颗"美妙的心灵":这不是善良心灵的扩大,而是只有**复活者**才能提供的礼物。①

但是**复活者**只有一个。我们总是可以重演山上布道、受难、最后的晚餐、使徒的使命和对雅典人的演说。自从圣西门主义者确定了剧作法,19世纪就不断地在重演这样的事情。但是我们没有重演复活。我们将用另一种方式言说:我们没有逃避已经发生的救赎,这种已经发生的救赎是真正的地狱:新地狱,戏仿的地狱。当然,和圣西门主义使徒一样,兰波将更喜欢逃避这种限制。他用乐观主义的宣言来消除自身的疑虑:"那确实是古代的地狱。人之子已经打开了通向它的大门。"②可惜的是,这样说毫无价值。兰波知道:新地狱是"对教义的执行"。③ 人们不能用可笑的论调来逃避新地狱,说错误存在于人本身,说大家曾经都不是基督徒。《地狱之夜》没有接受"坏血统"这样简单的借口。"真正的毒品"是洗礼的奴役,是拯救的责任,如果没有它,慈爱就失去了效力;如果没有它,慈爱就会消耗在那多少有些丑恶或怪诞的戏仿,那对于给麻风病人的吻和救赎之爱的戏仿:《地狱里的丈夫》就有这

---

① "慈爱"有比语言和知识更大的力量,它依赖于救世主的思虑,依赖于为它所固有的心灵的禀性,关于"慈爱"这一主题的论述,见圣保罗(Saint Paul):《哥林多前书》(*I Cornthians*)第13章第8行 和《提摩太前书》(*I Timothy*)第1章第5行.
② 见《地狱一季》中的《清晨》一文。——译注
③ 见《地狱一季》中的《地狱之夜》一文。——译注

样可笑的戏仿,在那里,慈爱的天使变成了茶花女,她徒劳地全力去爱慕她的"恶毒的白痴"。

71　　歌唱未来的荣耀之躯的歌,在地狱所张开的嘴巴里,在已经发生的拯救所张开的嘴巴里,就这样提前遭到了损蚀。而正是复活者的荣耀之躯,使这支歌变得不值一提,这个复活者,他拥有全部的慈爱,拥有全部的超凡魅力。神学是严肃的,兰波正是那个严肃对待这个世纪宗教话语的人,他无法忍受新基督教有任何的瑕疵,更无法忍受关于**恶**的任何一种让人快慰的理论,约瑟夫·德·迈斯特(Joseph de Maistre)提供给波德莱尔的那样一种理论。任何想要走在世纪之前的人,摆在他面前的拯救都包含着恶。恶不仅是正在"发生"的自然,对于这一自然,"人们将不会作什么补充"——这是一句马拉美式的格言,它允许人们从自然所独有的虚无中提取诗。恶还是已经发生的**恩宠**(la *grâce*)。恶还是已经发生的感性的变形。只要愿意,人们可以说这一变形是虚假的,是一个"能量的窃取者";但它不可遏止地使得一切关于新语言的承诺,一切关于增殖的声音及人民歌谣的承诺都变得虚假了。正是恶把诗、谎言和语言都连接在了一起,并把这个巨大的结放在未来诗歌的一切创造彼此之间的交错之中。也正是恶赋予兰波的诗歌一个独特的位置,处于波德莱尔与马拉美之间的位置。

　　下面让我们对此作一个粗略的评述,尽管这冒着胡乱仿效各种文学手册所作对比的风险。对于波德莱尔来说,恶(le mal)可以引发花朵的开放,因为人们还处在罪的体系(l'économie du péché)之中。恶是飘荡的厚云,它把进步的梦化简成了这些梦的幻影。但这片厚云任由太阳从身边经过,任由它照亮平静而充满诗意的、异教的自然,而这自然就是活的柱子及互相应和的颜色、香气与声音自身。原罪可以把诗人变成一个说谎者,但它仍然将自然——这是最重要的事情——留在自然之作为书的状态之中。而在马拉美的作品里,情况则大不相同,在那里,自然的发生既不涉及恶也不涉及恩宠。纸是纯洁的,因此,从水晶的墨水瓶开始,笔可以用一种难以置信的行为来刻画星星的轨迹,刻画被纯化语言的线条,摆脱语言惯常形态下的不完美。在曾经在此的自然之外,诗对别的都不了解,除了商业。兰波同时避开了这两个快乐的事物。在他看来,诗的获取无须诉诸语言的恶,无须诉诸拯救放在自己中心地带的谎言。通过这一行为,母亲蓝色眼神中的虚假会在人民歌谣中得到赦免,而在这一行为的中心地带,他遭遇了另一个谎言:基督有毒的或被诅咒的吻——基督这位能量的窃取者,就像《米歇尔与克里斯蒂娜》所写的那样,终结了一切田园诗——第一次圣餐仪式上的有毒的吻,它先于一切的共同体。

或许兰波并不是作为基督徒去世的。但他非常清楚地知道基督教的诸多名词想要表达的意思,知道它们为诗歌的梦,为未来语言的梦所保留的位置。

昏暗的不幸的歌①

因此,我称之为"诗的表述躯体"的东西变得复杂了,对这具躯体的勾画是从两个关于嘴唇与眼神的游戏开始的:妮娜的紧闭的嘴唇与死去孩子的接吻的嘴唇;那个女人尚未醒来的眼神与母亲说谎的蓝色眼神。它还应该包括别的嘴唇与别的眼睛:被耶稣

---

① "昏暗的不幸",是组诗《耐心的节日》的第四首《黄金时代》中的句子。——译注

有毒的吻所玷污的嘴唇,这是恋人的吻,它要比妮娜的吻更快乐,因为他可以"塞满"他年轻恋人"令人厌恶的喉咙";但此外还有一只眼睛,独眼人或独眼巨人(cyclope)的眼睛,它"滴落在"七岁诗人想要遇到的孩子"他们的面颊",这些孩子:

> 他们,枯瘦,光着头,眼睛滴落在他们的面颊
> 用又黄又黑,沾满了泥浆的细手指去掩捂
> 他们穿着满是闹市的臭味,全部都旧掉了的衣服
> 谈话中带着白痴才有的那种轻柔!

我们知道,仅仅是由于这些家庭——这个反家庭——小诗人才沉湎于这些"不洁的怜悯",而正是这些怜悯激发了母亲的恐惧,这个孩子温柔的抗议以及说谎的蓝色眼神的交流。在这里,我们可以利用伊夫·博纳富瓦(Yves Bonnefoy)非常强烈的直觉,将兰波全部诗歌的母型法则归结为说谎的蓝色眼神与滴落在面颊上的眼睛之间的对比。① 这颗不可形象化的眼睛(什么叫滴落的眼睛?),这颗只有在同母亲眼神的对立中才可被刻写的(scriptable)眼睛,事实上是诗的整个操作符(operateur)链条的原则,是被编入诗歌作品的家庭小说能指链的原则。这些操作符将童年的拉丁文与人民的歌谣嫁接在一起打了一个纽结,但同时又解开了它。通过揭露蓝色眼神与有毒之吻的谎言,它们否定了一切童

---

① 伊夫·博纳富瓦:《兰波夫人》(«Madame Rimbaud»),载于《兰波〈诗集〉研究》(*Études sur les «Poésies» de Rimbaud*),M. Eigeldinger 编,Neuchâtel:La Baconnière,1979:9 –43.

年痛苦向人民歌谣的转变。它们并没有废除这种转变,相反,它们陪附着它,用别的歌谣侵占了它:出乎意料的音色,左手声部的固定音型,"昏暗的不幸"的歌谣。

对于那篇描写表面上服从的孩子所深藏的"尖刻的伪善"的诗作①,我们可以指出其中的这条能指链:夏天、固执、愚蠢、吐出的舌头、公共厕所、冬天、剥落的果树、白痴、不洁的怜悯、穿工作服的人、郊区工人、鼓的隆隆声、星星的森林,以及驶向末句的船帆。贯连起这个能指链的,是两个主体在不洁的怜悯这一符号下的相遇。第一个主体是小诗人,他被锁在厕所里:锁在拒绝与中介的场所;末端之间的同一性、纯粹思想与卑贱的场所;最后,是挑战的场所,因为这是**丈夫**、基督追求领圣餐的小女孩的场所,也因为,上帝的纯粹之爱注定是一堆粪便,但自沙漠教父时代以来,这份爱的崇高性一直是苦行主义和神秘主义实践与文学的根本**主题**。

第二个主体是那些孩子,他们来自花园围墙或树篱的另一边,他们的眼睛褪色如他们的面颊,这只眼象征着他们的侵入:"粗野的小女孩",隔壁工人的女儿,她跳到小诗人的头上,小诗人咬了她的屁股,为了补偿自己受到的殴打,小诗人带着"她皮肉的滋味回到房间"。

这场相遇将赋予这首诗的乐谱以它自己独有的曲子和音色:除了魏尔伦所颂扬的共鸣,这是其他一切共鸣所共有的不均衡性:这不再是音节更多或音节更少的问题,而是在诗的语－言(langage)中,昏暗的不幸或者甚至是不纯的痛苦用陌生的音色所

---

①指的是《七岁诗人》。——译注

完成的刻写,我们可以从《坏血统》的**对立推理**(*a contrario*)中提取这一观念,它说:"时钟将不会敲响,除非纯粹痛苦的时刻来临。"这种不均衡,这个昏暗的不幸的链条所拥有的独特音色,把思想的固执同对于痛苦或光荣的歌谣所不能形喻之物的赏识联系了起来,同政治或宗教均无法赦免的东西联系了起来:从[小诗人与那些孩子]这二者的相遇中产生的白痴的或不洁的怜悯通过一个独特的概念被讲述了出来:行乞的童年("**生活**"[*Vies*])。当然,怜悯就是对令人赞叹的慈爱的悲悼,是对于这种慈爱之不可能性的证明。但同时,它在圣歌与挽歌之间,追步着一首尚未被听闻的诗作那破碎的诗行。通过怜悯,这首诗变成了一支前所未有的曲子,述说着这种不均衡——这种行乞——进而去润饰、去呈现伟大的圣歌与伟大的预言的躯体。

因为,在一定意义上,兰波所有的诗歌都可以被归纳为这样一项工作,即拆解一首独一无二的诗作,他童年的——如果我们敢于去言说的话——诗作:《铁匠》(«Le Forgeron»)。《铁匠》是世纪的诗,是人民的诗,是工人的诗,是贫困与革命的诗;这是雨果式的诗,它有盛大的视像,熟练的跨行手法与表达方式。这是属于人民的家庭小说式的诗,是伟大希望的歌和伟大痛苦的歌,它召唤着它所缺乏的新语-言(langage)。概言之,兰波的规划,这个预见者的规划,就是用一种新语言(langue)重写《铁匠》,发明属于这首诗的未来的那样一种语言。

然而他最终做的是完全不同的事情。他并没有用未来的语言去重组(refaire)雨果"的"诗,相反,他将用昏暗的不幸的乐曲拆解(défaire)他自己的诗,拆解兰波的诗。在《彩画集》中,对于《铁匠》的拆解理所应当地被简单地命名为"工人"(*Ouvriers*):这首诗讲述的是二月温暖的上午,是不合时宜的**南方**,**南方**让两个订了婚的孤儿"回忆起荒唐的贫困"或"青春的苦难"。**南方**也唤起了诗作的主题:"我童年时代的悲惨的事故,我夏日的绝望,命运总是使它们远离我的那数量恐怖的力量与科学。"

相对于关于科学太慢的指责,命运使之远离的"那数量恐怖的力量与科学"提供了更为有趣的表述。与科学之间的否定性关系原因主要不在于不耐心,而在于距离,在于削减。科学力量的削减是由于思想的固执,思想意欲容纳不可计数之物,意欲将眼睛向面颊的滴落放置入诗作之中,意欲按照《断章》(«Phrase»)的吁请,使行乞的童年那不可能的声音能够被听见:

> 我的同志,行乞的、年幼的怪物! 对你来说这一切都是一样的:这些不幸,这些勾当,以及我的困窘。把你自身托付给我,用你那不可能的声音,用你独特的、美化着这恶毒的绝望的声音!

这个与白痴缔结的同盟,这份同行乞女用不可能的声音结合的固执,在开启了"言词炼金术"的杂货铺里得到了阐明:白痴的绘画、过时的文学、教会的拉丁文、童话故事、蠢笨的叠句、朴实的韵律及其他的一些事情:不要忘了,无论现在还是未来都会为弗里松所用的"不带拼写文字的色情书"。这个杂货铺,如果确实不是兰波在《最后的诗行》(«Derniers Vers»),也就是在那"各类浪漫曲"——那些浪漫曲用白痴歌谣的形式和词汇讲述了阴暗的家族历史与地狱的家庭生活,讲述了工人的天堂,讲述了诗人的规划,而诗人就是那个盗窃了火、盗窃了重新发现的永恒的小偷——中用过的器具,那它又是什么呢?对于这些白痴歌谣——白痴所唱的歌谣或献给白痴的歌谣,需要认识到它们所显示的与"好的歌谣"之间的差异,"好的歌谣"告诉诗人:

> 识破这诡计
> 如此快乐,如此轻巧的诡计:
> 只有波浪、植物
> 这是你的家族! (……)
>
> 世界是邪恶的;
> 这多么让你震惊!
> 去生活,并把昏暗的不幸
> 投入火中。

76　　不可能把"昏暗的不幸"投入火中,《五月的旗帜》①就提出要反过来把"昏暗的不幸"作为要解放的对象。不可能去暴饮口渴的喜剧,不可能去满足这样一种饥饿,这样一种把自身放在安娜与驴子庇佑之下的饥饿(faim):对这些白痴的、并且还不可吃的事物的渴求(faim),这些事物即《饥饿的节日》所列举的:土地、石头、岩石、煤、铁;穷人敲碎的石子,教堂古老的石头,卵石,洪水之子:这是带着姐姐一起逃跑的小布塞②的石子,是黑色空气的碎

---

① 《五月的旗帜》是组诗《耐心的节日》的第一首诗。——译注
② 17世纪法国作家夏尔·佩罗(Charles Perrault)的童话《小拇指(小布塞)》的主人公。——译注

片,它包含着这一表达的所有意义:专有名词被烤焦的碎块,失传的老调子的片段,未来诗歌其不可能的呼吸的碎片,也不要忘记那只援手,它伸向了一切即将为黑香肠祛魅的人。①

诗提取这些黑色空气的断片,以便在新歌谣的乌托邦上方煅烧,而这些断片以某种方式再现了兰波的这些**发明**(les Inventions),作为音乐术语的"发明"②:对韵律与和声的发明,对精巧的通俗曲调的发明,它适合于从旋律上测量人民歌谣——得到救赎的哀歌——与老调及儿歌的白痴形态之间的距离:在特定意义上,这空气的碎片——作为韵脚的碎片——这语言的碎片,试图囚禁太阳,亦即囚禁永恒,试图把大海/永恒/太阳的三元组纳入它的缩微形式:空气/灵魂/石子的三元组。

这或许就是《地狱一季》所说的"最后一次走调"③。考证派可以自由地将这次"走调"理解成魏尔伦的枪声。④ 对我来说更有趣的是把它和为共同体吹奏光辉歌谣的小号联系起来。或者如果人们坚持要把魏尔伦放在这一声部,他应该作为诗人被放置进来。因此,兰波小号的最后一次走调,可能是赋予某种魏尔伦主义的最后一次走调,这种魏尔伦主义写的是属于优雅的节日和没有言语的浪漫曲的诗歌:这种诗歌全都彼此相近,无限地远离

---

① boudin noir(黑香肠),在读音上与 bouts d'air noir(黑色空气的碎片)相似。——译注
② 作为音乐术语,Invention 应该翻译为"创意曲",此处为保持译名的一致,仍翻译为"发明"。——译注
③ 见《地狱一季》的《序诗》。——译注
④ 1873 年,在布鲁塞尔,魏尔伦开枪打伤了兰波的手腕。——译注

关于饥饿的白痴浪漫曲;这种诗歌充满了"如此快乐,如此容易"的诡计,充满了变得极其不稳定、极其液态化的空气,而关于这种空气,适合它去做的是让沸水在铁锈之上奔流,以使得它能够和汲伦溪(Cédron)①的水混合在一起。

诗的四个主题

或许现在我们可以总结一下那把《最后的诗行》《地狱一季》和《彩画集》维系在一起的制图法。《地狱一季》向我们提供了兰波规划的硬核——他的政治神学或新基督论;《最后的诗行》呈现给我们的是他的发明或研究笔记,是他就与昏暗的不幸的歌相适配的曲调与方法所作的尝试:某种类似新《朝圣进阶》及其戏仿的东西:兰波合唱队以某种方式宣告了由威廉的合唱队在半个世纪以前所开创的人民歌谣乌托邦的结束。至于《彩画集》,它们提供的是这一规划另外的部分,即《言词炼金术》的开头所表明的:展示一切可能的风景和一起可能的戏剧,展示它们的诺亚方舟或它们的百科全书。这些碎片给予我们的不是幻觉或幻想的视像,而是就这份关于可再现之物的清单所作的百科全书条目式的安排,它在曲调的清单——与再现模式的清单之间构造了一种对应关系。沿着新《朝圣进阶》,出现了诗人们作为新手所使用的其他工具:考姆普利(Chompré)在佩罗(Perrault)和奥芬巴赫(Offenbach)时代编定的《寓言词典》(*Dictionnaire de la fable*)②:这是一本为该世纪的孩子所编的寓言百科全书,不过是为那些有一点特殊

---

①汲伦溪(Cédron),《圣经》中地名。——译注
②Chompré 是《寓言词典》一书的作者。——译注

的孩子,是由《彩画集》纲领性的诗作《洪水之后》呈现给我们的那些孩子,在这篇诗作中采用了诗学的诺亚方舟:

> 巨大的玻璃房子里仍然水流涌动,悲伤的孩子们凝视着一幅幅不可思议的意象。

百科全书就是为这些悲伤的孩子编制的:他们之所以悲伤,是因为女巫知道这一切,但不会告诉他们。百科全书是为行乞的孩子们编制的:这个小圣徒,陪附在他身边的是他的不可能的声音。意象的百科全书和他的悲伤是同一的。这是对于不可思议的意象的悲伤,或者不如说,这是对于不可思议的意象的贱售。贱售并不是失败。或者更准确地说,问题并不在于失败(faillite),而在于缺陷(faille)。百科全书的缺陷是它的主体的缺陷。凝视着不可思议的意象的孩子,想要把握关于可再现之物的百科全书的孩子,实际上被分解成了四个主体,它们被列举在被准确地命名为"童年(或孩子,*Enfance*)"的碎片之中:

> 我是圣徒,在平台上祈祷——就像温驯的动物吃草,一直吃到巴勒斯坦海。
>
> 我是学者,坐在阴郁的扶手椅里。树枝和雨滴投身于书房的窗子。
>
> 我是步行人,走在矮树林间的大路上;水闸的喧声淹没了我的脚步声。我长久地看着落日,它忧郁的金色的洗涤水。
>
> 我可能确实是一个被遗弃的孩子,被遗弃在延伸向

远海的长堤,小仆人沿着林荫小路前行,他的前额碰到了天空。

诗作的主体,可能是发明者,可能是坐在自己书房的学者,对他来说,甚至雨滴敲打着窗子,都只不过增加了冬季的舒适度:使他更加平静地拥有百科全书的材料与一切不加节制的炫示的关键。这是用19世纪的流行样式来做发明的人,是新的爱情、新的语言和新的劳动的炼金术士。

简言之,这位"长着阴郁的皱纹"的学者正是被遗弃的孩子的梦——这个孩子想要比他的现实情况更被遗弃一些(我**可能**确实,我确实想要是……)。这个孩子可能既梦想着是所有戏剧、所有奇观的老的发明者,又同时梦想着是悲伤地——真的是悲伤地,真的是孤儿——凝视着他的"不可思议的意象"的孩子:这个孩子是他自己的儿子,是那个老人的儿子,而他自己就是那个老人,那个父亲。

简单来说,在被遗弃的孩子与年老的学者之间,有两个角色起到了居中调停的作用。第一种是走在大路上的步行人,没有巴比伦图书馆,他就去翻查其他的图书馆,翻查这缺失的图书馆的那些不完美的仿造物,翻查旧书商的阁楼与橱窗;为了收集戏剧与奇观,为了把所有编织了这个世纪的场所、风景与奇观都积聚在诗作中,尤其是为了把在其大都市的石头之诗中,在被煤炭的夏夜照亮之诗中所集中的一切都积聚在诗作中,他走遍了各座城市,行遍了各条道路。这个旅行者把所有这些场所积聚起来,并把它们同对各个世纪传奇的想象及来自寓言词典的角色相交织,使大众合唱团的舰船行驶在维纳斯出生的波浪之上,让他们发出罗兰号角的回响。由此,那个世纪的空间就寄生于他的传奇的时间,而反过来,大都市发展的流动性炫示则被极地的冰川或野蛮人的舞蹈所侵占:

> 各巨人演唱者协会身穿华彩闪光的服装,举着彩旗,如峰顶上耀眼的光芒急急跑来。深渊中心平地上多少罗兰吹响英勇赴敌的号角。天上太阳如火如荼往架在深渊上的天桥和旅舍屋顶上纷纷张旗挂彩。高潮急骤降落,与一定高度的平野象连接,已有神品的半人半马女兽在这里雪崩中自我炼化精进。在海脊最高的高度上,随着扇贝、海螺发出阵阵繁响,维纳斯美神永恒的诞生形成沧海翻腾激荡,——海洋随着闪光死去渐渐融入黑暗。在斜面上,大如我们的兵器、我们的酒杯那样的大花冯冯翼翼像大丰收一样扰扰攘攘喧哗有声。麦布仙后随行行列一式穿着乳白透明、橙红色连衣裙从湍急流水上升起。在高处,鹿站在乱石激流和荆棘丛中吮吸月神的乳汁。郊区的酒神女祭司,她们在哭泣,月在燃烧,呻唤号叫。美神走进铁匠和隐士的岩穴。一群群钟塔奏出各族人民的思想意念。建筑在白骨上的古堡也发出不可知的乐曲。世上所有的传说都在发展演变,各种激情跃动冲向市镇。暴风雨的天堂崩毁。也骂人竟自舞蹈无休无止庆祝夜之庆会。于是有一小时我陷入巴格达大街上骚乱漩涡之中,人群在这里浓烈威风吹拂下歌颂新的劳动的欢乐,风四处也吹不散群山中的幽

灵幻影,人们本应留在这群山之中。①

——《城市(«Villes»)I》,出自《彩画集》

因此,在其总体性中把握这个城市-世界,这是旅行者的特长,而这个城市-世界同时还是诸世纪传奇的概要,是古代的神话与新劳动的合唱这二者的统一体。但这一视像只有作为炫示才会被表述出来,而打开这一炫示的钥匙则已经丢失:

是哪一双美好的手臂(Quels bons bras),哪一个美丽的时辰(quelle belle heure)把我送回到这个地域,让我在这里睡去,让我在这里只需要用最少的举止?

——《城市I》

形容词的倒置本身(或许为更合适的说法是:手臂是美丽的[bras d'être beaux],时辰是美好的[l'heure d'être bonne])已预先使回答远离了旅行者的问题。因此可能只有圣徒才拥有答案或者说钥匙?而毫无疑问,这把钥匙是慈爱的钥匙。这个在平台上祈祷的圣徒就像是一路吃草直到巴勒斯坦海的温驯的动物,对于他,我们有清楚的了解,而毫无疑问,了解得太过清楚了。在画家的画板上,在虔诚的埃皮纳勒(Epinal)意象中,我们经常看到这位学者,他居住在一个没有雨的地方,那里的窗洞上也没有安装窗扇。他的书房内部已经被毁坏。只剩下一两面墙壁,勉强摆得下

---

① 此处引用王道乾译文,见兰波:《彩画集》,王道乾译,上海:上海译文出版社,2012:96-97.——译注

一个放置圣经经卷的书架,或许还能够再挂上一件红衣主教的长袍。这个圣徒自身发生了分裂:一只手拿着笔,一只手握着十字架。他穿着隐修者的破衣服,带流苏的红帽子存放在他的身旁,而在他的脚边,一只温驯的狮子,长着一条善良的狗的脸庞,在同他一起玩耍。将提供美丽的时辰的,并不是这个来自埃斯纳勒意象的圣哲罗姆。也不是他将再一次带来曾经发生过的拯救。他所能做的一切,不过是在这一视像中留下他的标记。这个圣徒的标记,这个苦行者、这个神秘主义者的标记,被刻写在逆喻(oxymores)的形式之中,神秘主义思想用这些逆喻撕裂了这一视像:锦缎的炭火、洒下阵阵雾淞的烈焰、燃烧的月亮、冰凌与星辰的撞击、永远为我们燃烧的人间心灵所迸发出的携带着钻石的风暴的火(《野蛮》),简言之,关于冰等于火,存在同于不存在,上升类似于下降的这所有隐喻,这所有逆喻(oxymores,又译"矛盾修辞法"——译注),言说的都是对纯粹的爱加以言说的不可能性。

美丽的时辰并不通向明天。因而没有更多的事情可做,只有重新塑造所有的角色,重新走向那个孩子,重新走向那个孩子与黎明的斗争——这场斗争将自身委派给了其他角色中的每一个人,就这样一直走,直到没有终点的长堤的尽头,直到"到了世界尽头"。所以,视像的失序并不是幻觉的标记或者幻想的游戏。正是在他的四个主体的旋转架(tourniquet)上,他被碾成了碎片。无疑,我们可以称"这个旋转架"为守护神(génie),可以称这场运动为守护神,它在这冬天的夜里前行,"从海岬到海岬,从汹涌澎湃的极地到城堡,从人群到海滩,从凝视到凝视"①。它就这样用

---

① 见《彩画集》中的《守护神》一文。——译注

自指的碎片（le fragment autonyme）获得了命名。它是《彩画集》最后的词语吗？我们知道，是编辑而不是兰波安排的这个集子的次序。《守护神》常常被选择来作为这个集子的末篇，是基于《守护神》的运动和《地狱一季》的末篇《永别》（«Adieu»）的运动之间的对称性。但这种对称性本身是模棱两可的。《永别》实际上产生了一个相当含混的持续音。辉煌的城市和灵魂与躯体中所拥有的真理这二者的承诺径直走向了葬礼，去埋葬"艺术家和讲故事的人的华贵的荣耀"。在预言与避居幻境的弃世之间，绝对的现代呈现的是一个无法确定的形象。相反地，《守护神》绝对是确定的。它永远都把伟大希望的运动看作是为诗所独有的运动。关于《彩画集》和《地狱一季》的编排次序，不管人们作怎样的假设，《守护神》都矫正了《永别》的含混性。它把对于未来朴素的上午的征服，看作是诗歌继续进行的运动，看作是已被纯化的语言所做的努力。

然而，对兰波自己来说，这是他拒绝去做的事情。要理解这一点，需要再次将兰波的立场与马拉美的立场进行对比，马拉美的立场可以用《诗的危机》（«Crise de vers»）的这几句话来概括："只有在商业的层面上，言谈（Parler）才同事物的实在性相关联；在文学中，言谈满足于影射事物，或满足于从事物中提取它们的质，而某个理念将吸纳（incorporera）这种质。在这一条件下，伴随着轻盈的欢乐，歌谣升腾而起。"

对马拉美来说，事物以及词语，都根据一种本质上的区别被分裂了。存在着商业的实在性，也存在着一种人们可以从实在性中提取的质，从而词语能够吸纳某个理念，从而部落的不纯的词语可以被纯化，可以进入诗，"借助相互的映照发出光亮，就像火在宝石上投射出的虚像"。照此来看,诗可以作为纯行为的作品被书写出来,可以勾画出它仍然缺乏之物的位置,勾画出有一天将会来**自我宣告**的人群。照此来看,通过埋葬处于异教徒竖琴滑音之下、牧神午后的新基督教,19 世纪的终结与 20 世纪的开端这一伟大的发明就是可能的,即将终结的世纪为自身所发明的新未来就是可能的。这个未来的新发明被称为先锋派。

兰波并不属于先锋派。他不相信人们能够提取事物的质,不相信人们能够纯化部落的词语。在他看来,商业的事物和语言不会听任自身同诗歌的事物和语言相分离。这就是他通过[诗作]《与诗人谈花》(«Ce qu'on dit au poète à propos de fleurs»)向[泰奥多尔·德·]邦维勒([Théodore de] Banville)详细指陈的教训。兰波不会赞同那种省略的句法,认为它预先减少了歌唱的愉悦。他也知道,一个部落在唤起以色列,而在 19 世纪,这个部落被称为人民。他知道,吸纳准确地说就是体现(incarner),而在神秘主义文学中,火是在宝石上被点亮的。简言之,他知道,如果诗脱离了语言的整体,脱离了负载着拯救承诺的语言和语言乌托邦,那么它是没有立足之地的。

事实上,这就是兰波伟大而独特的地方。在他之前,这种诗学就已经存在了。波德莱尔更是使用过伟大的(关于用韵与寓言故事的)词典以保证"应和"的新颖性。在他之后,马拉美将发明关于诗的纯行为。在这二人之间,兰波是独一无二的诗人,对他来说,既不存在为诗所专有的语言,也不存在为诗所专有的行为。在兰波看来,新的诗歌必须同一于语言的总体。他的命运必然连接着新语言与和好的躯体(corps réconciliés)这二者的乌托邦。兰波游历了这个乌托邦,并通过用另一种音乐为它伴和(accompagnant），拆解了它，这种音乐即：关于不可计数之物的言语，关于昏暗的不幸的白痴浪漫曲。在为荣耀之躯的新语言悲悼时，他雕琢出一句隽语：不是方言，而是方言的对立物。兰波的隽语，和他的诗歌一样，是一种悖论性的语－言，一种"私人的共同"（particulier commun）语－言，一种非常共同的（particulièrement commun）语－言。兰波创制了在人民歌谣的号鼓与白痴的方言之间回荡的这种语－言的语调。他发明了这样一种诗：它除了语言的总体没有别的场所，它渗透着永远错失的相遇所拥有的那种隽语，渗透着昏暗的不幸所拥有的那种特殊音色。

逻辑的反叛

兰波不属于先锋派。他并没有从旧的拯救经济学跨越到新的生产经济学。他持守在旧历史——人民的歌谣与躯体的拯救——与新历史之间的缝隙里，诗歌先锋派与政治先锋派之间的缝隙里。他固执于咏唱拯救经济学中无法赎回的部分，而拯救经济学的音乐在无休止地出售荣耀之躯的梦想。

一场独特的暴动在语言中诞生了。对于这场暴动，我曾试图抽绎出它的几条原则，现在我们可以用取自《彩画集》的一句表达为它命名：逻辑的反叛。众所周知，原文说的是："我们将屠杀逻辑的反叛。"这个"我们"，它的方言压倒了鼓声，它就是"怀抱良好意愿的士兵"①的"我们"，是民主的殖民军队的"我们"，这支军队就要去淫秽而泥泞的国度。当然，我们还听到背后的那个尊贵的"我们"，通过这个"我们"，诗人还把自己变成了逻辑反叛的屠

---

① 见《彩画集》中的《民主》一文。——译注

杀者,终结了他自己的诗的暴动。

为了让这首诗有一个自己的场所,为了让这场屠杀具有可理解性,恰当的做法是把这首诗变成祭坛装饰画中的一块镶板,在那里,它可以联合《守护神》与《贱售》:前者是关于荣耀的诗歌之躯的诗作,后者是关于待售的无价之躯的诗作。《民主》,这是关于被屠杀的逻辑反叛的诗作,是关于压倒鼓声的方言的诗作;这是诗的隽语消失在其中的诗作。如果《彩画集》需要一个"终结",能完成这一"终结"的,不是一篇单独的诗作,而只能是这样一个三部曲:它们重新展布了诗歌躯体的乌托邦及完结这一乌托邦的反乌托邦。然而,为了使这个终结变得可以理解,它必须被框限在两份关于原理的声明之间,而这两份声明借用自两件"诗歌艺术品",其中一件似乎纯粹是娱乐。"严肃的"声明来自于马拉美:"只有在商业的层面上,言谈才同事物的实在性相关联。"娱乐的声明则来自于年轻的兰波,他建议邦维勒成为:

> 商人!殖民者!通灵者。

商人、殖民者、通灵者的三位一体,这就是《贱售》《民主》与《守护神》向我们严正提出的内容。这位青春期诗人表面上的孩子气,极为准确地规定了他的诗学命运与个人命运。兰波已严肃地触及了语言,他已严肃地触及了"事物的实在性"。他已把自己变成了商人与殖民者,但没有变成"通灵者"或"守护神",没有接受一种向商业的日常性、拯救的超常性与行乞儿童的独特性告别的诗歌语言。他已通过殖民贸易获得了金子,但没有欺骗语言的金子。他已提前告别了先锋派,告别了诗歌的雕刻工,告别了光荣的未来的党的领袖,在尽完自己的责任之后,他让那首关于昏暗的不幸的歌,回荡在他的诗歌与他的散文的逻辑反叛之中。

第二编

小说的神学

Théologies du roman

第一章
文字的躯体：圣经、史诗、小说

"小说是现代资产阶级的史诗。"自黑格尔以来，这句话被反复说起。卢卡奇注释说，小说是"无神世界的史诗"。我们应该怎么理解这些说法呢？黑格尔的话已经有一些难以理解。因为他向我们作了详尽的解释：史诗发生的基础在于一个特定的世界，即"英雄"的世界，其特征与界定着现代资产阶级世界的那些特征正相对立。在荷马吟唱的那个集体性的天地里，人们的活动并没有变成外在于他们的对象，即没有变成国家的法律、工业制造的模式或行政管理的机构；它们仍然是存在的方式，是个人、性格特征、情感和信仰等形成的方式。史诗性的诗反映了这一"起源性的诗歌环境"，在那里，能动力（activité）的形式并没有与个人分离，并没有在伦理和经济、技术与行政彼此分离的合理性模式中化为碎片。与此相反，小说的前提条件和基本主题却在于性格、思想、个人行止与客观世界之间的分离，而主宰着这个世界的，是关于家庭道德、经济利益或社会秩序的种种法律。史诗是其本身就已经是诗的世界的诗，这个世界不知道各种**事为**（faire）模式之间的分离，而与之相对照，小说负载着这样的责任：它要把一个失去诗性的世界再诗化。

88　　　资产阶级史诗这一术语难道不是包含着一个矛盾吗？实际上，个人反对资产阶级世界的斗争只能被界定为一个反史诗。史诗英雄不会反对他自己的世界。也没有诗人会知道如何将一个祛诗化的世界再诗化。为赋予这种黑格尔式表述以一致性，卢卡奇不得不为小说文类（genre romanesque）——作为现代文学的文类——涂抹上黑格尔赋予"浪漫型"（romantique）艺术的特征，这种艺术建基于个体主观性和绝对之间的基督教式分离，而这个绝对抛弃了世界，也抛弃了复活的基督的躯体。对于黑格尔来说，浪漫型艺术就是"基督教"艺术，在这种艺术中，没有任何形象能够再现神圣者，因为个体性在任何世界之物上都不能认识到居于其内心的神圣性，所以它就不断摇摆于这二者之间：一是本质上的内向性，它找不到任何与之相适应的现实；一是意外事件与所遭逢形象的杂多性，它在欢呼这条不可能的寻找之路。因此，小说就是现代"史诗"，因为它是关于已经失去而仍被努力寻求的总体性的史诗。小说"现代性"接受了基督教里个人与他的神之间的间离，以之作为自己的内容。"小说是这个时代的史诗：在这个时代里，生活的外延总体性不再以直接的方式被给予，意义之于生活的内在性已经变成了一个问题，但这个时代并没有停止对于总体性的寻求。"

　　但是这一小说的神学即刻就催生了另一个悖论。个人行动与在集体**风习**（*ethos* collectif）中化为肉身的意义构成了内在性关系，而小说的个体性的分离则同这一关系相对立。可是，人们所主张的这个史诗作为集体的诗、作为意义内在于生活本身的诗的理念，究竟来自何处呢？黑格尔还说，史诗是**圣经**，是一个民族（un peuple）的生活之书。但是，如果它与言成肉身的基督教思想没有关系,与具有生命的**书**这一理念、与通过躯体的行动传播其精神的文字这一理念没有关系,这一**圣经**自身又是如何被思考的呢? 简而言之,从世界中脱离的灵魂的"基督教"小说,在其作为史诗化身的意义上,截然不同于有生命的诗,不同于史诗的化为肉身的意义。但是,这个意义本身,只是从基督教中死文字与变为血肉的精神之间的对立出发,通过回溯才降临于史诗的。于是就有两个"基督教",它们在一种悖论的样式下形成了彼此对峙的关系:一个是言成肉身的基督教,它发现自己在史诗性的诗这一异教"**圣经**"中获得了实现;另一个是缺场的基督教,它为"现代"史诗——小说奠定了基础。

因此奇异的神学-诗学的循环就为小说同其古代"范型"之间的关系逐渐划定了范围。现代史诗可能是史诗的替代物,也可能是反史诗。而激发了这种"现代史诗"的"基督教"自身有两个形象(figures):在基督的躯体中化为肉身的意义(sens),或从[耶稣的]空墓中退出的意义。古代与现代,基督徒与异教徒,旧约与新约,围绕着小说翩翩起舞,在它们构想的这支芭蕾上,各种术语不断改变着位置和涵义。

为探究小说现实主义(réalisme romanesque)的始源,埃里希·奥尔巴赫(Erich Auerbach)在《摹仿论》(*Mimesis*)中的运思(la démarche)就是在这一复杂的机制(dispositif)内展开的,尤其是,他援引了《马可福音》中的经典片段——彼得不认主(reniement)的故事。奥尔巴赫决定倒过来阅读卢卡奇的定义:小说,作为现代的——现实主义的——文学体裁,可能开始于这样的一个时刻:"生活的总体性"之被赋予不再是在一个由处于同一平面的行动所构成的单纯的外延维度上,而是在这一维度——在那里,各种姿态、言语及被讲述的事件，它们的可理解性通过垂直关系传递到了一个后景之中，而那个后景，从戏剧的视角，从人类目的的视角，对它们作出了安排。这种垂直关系是超验性宗教所特有的，它在基督教中获得了完满的实现：这不是空墓的宗教，而是物化于共同体生活中的超验性宗教，是化成肉身之**言**的宗教，它赋予了精神以肉身，赋予了躯体以真理。对于奥尔巴赫来说，正是这一观点使我们能够建立小说现实主义的传统，因为只有它允许我们去打破亚里士多德的诗体划分置于这一再现方式上的禁令。这一传统实际上根据被再现主体的位阶对体裁进行分类。高等文类——悲剧或史诗——只适用于高等人士：国王和英雄。而对下等人（petites gens）的再现则属于喜剧和讽刺诗这些低等文类的范围。有两个叙事标识了古代文学传统再现力量的限度，奥尔巴赫通过与它们的对位（contrepoint）来呈现彼得不认主的叙事。将高贵文类保留给大人物，将低贱文类预定给小人物（gens de peu）的再现，采取这样一种文类的划分，就只能把下等人的世界贬抑为风景画（pittoresque）的材料。在那里，绝不可能读出深刻的共同体历史的维度。就是这些局限制约着佩特罗尼乌斯（Pétrone）或塔西佗（Tacite）：前者描写了获得自由的［奴隶］特里马尔奇奥（Trimalchion）周围混杂的众人；后者将叛军士兵帕西耶努斯（Percennius）对驻扎于潘诺尼亚（Pannonie）的军队的演说彻底变成了一种修辞训练。这两人都不能从他们模仿的小人物的举止中看到一个影响社会各个层面的故事所具有的深刻性。然而，彼得不认主的传说却把我们引入了那个熟悉的小人物世界：在火边取暖的彼得，士兵，盘问彼得并注意到他加利利口音的女佣。但这一现实主义的再现不再是为了喜剧性的结尾，或作为修辞学的例证。这是对人民（peuple）生活的戏剧性再现，它带着事件才有的那种非凡品质。描写的现实主义对应着言成肉身的事件，对应着**言**（Verbe）的在场与受难，而**言**就是上帝之子，他使**经文**（Écritures）得到了实现。并且，在彼得这个形象上，它为我们再现了一个被信仰、失望和恐惧分裂的民人（l'homme du peuple），一个新的精神运动的行动者，他在自己的［内在］深度中把握了小人物的世界。历史精神的运动与将自身显示在物质的笨重中的再现样式之间的一致，打破了主体和文类之间的分离。这使小说现实主义成为了可能，后者的原则与其说是对"现实"的准确再现，不如说是书写自身的声势与被再现人物的社会位阶之间的脱离。

所以，奥尔巴赫便从反面来攻击传统：史诗并不是一个民族的编年史。荷马无法赋予忒耳西忒斯（Thersite）的形象以一种严肃的、悲剧性的品质。他也不能赋予对阿喀琉斯（Achille）或阿伽门农（Agamemnon）的生活的再现以其人性的深度。借助彼得不认主的叙事，借助基督教言成肉身所特有的感性意指关系的影响，真正的"生活之书"即小说被创建了出来。

只是，奥尔巴赫的分析包含着一个难题性的预设。它假定，福音书叙事之所以具有典范的文学功能，是由于这种叙事本身是事实的展现，无关于任何文学的意图："叙述人既没有因为要对现实作合理地安排而让目光在现实上一掠而过，也没有让记述去配合一个美学的意图。这里所出现的视觉性的、感官性的元素，并不是某种有意识的**模仿**（imitatio）……这一元素自我显现，这是因为它内在于它所讲述的事件，是因为它自行展示在深受触动的诸存在者的姿态和言语中，而作者丝毫没有努力去将它对象化

(l'objectiver)"。奥尔巴赫因此使两种"素朴性"(simplicités)彼此相一致。不认主的叙事,描述了一个民人在[耶稣]受难这一伟大戏剧到来之前,因分裂于两种素朴的感受而产生的痛苦感:一方面他怀着对弥赛亚的忠诚,但另一方面,他又对他这个人感到失望,因为他原本期待他能够直接降临于尘世。与这一关于内容的心理现实主义相对应的,是一种关于形式的现实主义,后者事实上乃是形式的缺席。书写者(l'écrivain)马可不是一个[普通的]书写者(un écrivain)。他对彼得言行的描述,是精神的、大众的运动的直接表达,正是这同一个运动激起了彼得[对主]的信仰,同时也诱发了彼得[对主]的否认。马可只能是一个见证者,他简单地讲述着那些言行,为的是将其传达给基督教精神革命的信息所针对的那些素朴的人们。

但是,为了维持这一立场,奥尔巴赫必须忘掉他无论如何都要比其他人更了解的东西:这里所讨论的种种"事件",并不简单是一个见证者记录下来的一些行绩;它们毋宁是被提前预告了的事件,这些事件的圣经的文本系统已经预料到了"具体的"现实。彼得不认主的场景,的确服从于一个明确的意图:它表明弥赛亚的言语——曾提前告知彼得,后者将会不认主——确实应验了。但是,其时,弥赛亚已经使对这些事件的预料本身,成为了对《旧约》中一句话的确证。彼得必须要不认基督,从而以西结的预言方能应验:"我要击打牧人,羊就分散了。"简言之,彼得不认主的情节参与到了这一借喻系统(économie figurale)之中——在关于《旧约》中那个拯救的历史"形象"(figure)的种种预言和记述里,在关于即将到来诸事的预兆或"日影"里,便能感知到这一形象系统,而通过神圣的**言化**为肉身,"日影"便成为了事实。基督教叙述的"现实主义"力量——该力量会传递给小说叙述——是与这一形象系统相关联的;这一形象系统,在文本的某一系统中、在文本与其自身的某种关系中,铭写着具体的事件。基督教/小说现实主义的核心是形象的力量——形象,并不是话语的说明性装饰,亦非某个隐秘真理的寓言,而是一个躯体,这个躯体预告了另一个躯体。彼得不认主这个场景的肉体之力(La force charnelle),要归因于这一使其成为某种**对立**(a contrario)论证的文本系统:对于弥赛亚的不认——因为他对此作出了预告,因为以西结过去已经对此作出了预告——恰恰证明了他的确是圣经所预告的那个弥赛亚。该场景之基督教/小说现实主义,来自于以下二者的重叠:诗歌的比喻(figurative)力量和神学的借喻(figurale)力量。前者是关于这样一些描述的力量,这些描述通过普通人世界的种种具体符号——普通人给自己取暖的火堆、普通人声音里那泄露其身份的口音——给予肉身;后者记录了这样一个小故事,其中都是些发生在简单之人身上的简单之事,这个小故事还处于一个关于拯救的庞大系统之中,在这个系统里,每一个小场景都承担着关于这一真理——有一个"形象"已经被预告且变得优先——的意义。

但是,为了坚持其声称的马可叙述的"非文学"性质,奥尔巴赫必须把这两种力量给分开来。他把形象一分为二成概念和用途。他保留了形象阐释的优点,即将大众的躯体"精神化",其通过打破一切主体的和文类的等级限制,使对大众躯体的再现成为可能。但是,他保留了结果的优点,却把原因给丢掉了:在这同一章的末尾,他将形象疏解(exegesis)的技巧——这些注释出自教会学者之手,以使基督教的启示适应于被征服异教世界的内心世界——同简单的福音叙述之现实主义,进行了对比。在福音文本中,他武断地把一个核心经验——那是加利利渔夫的经验,且由某种质朴的叙述传播出来——从某个由学者后来添加的形象阐释中区分出来。于是,他便回到了阅读宗教文本的费尔巴哈传统,即把思辨性阐释的神秘性,建基在其实际的人类内容之中。毫无疑问,此类阐释的问题是:那个充当标准的"现实",其本身就是思辨的产物,可阐释者却声称要把现实从思辨中解放出来。

所以,我们可以设想把游戏给颠倒过来了。奥尔巴赫把一种关于现实主义小说的理论建立在基督教叙述之生成肉身的基础上。我们则可以提出一个相反的关系。我们可以指出,肉身的事件首先是一个书写的事件,是书写自身的演出。并且,在这个基础上,我们可以建立一种小说作为游戏的理论。这,正是弗兰克·克默德(Frank Kermode)在其《秘密的起源》(*Genesis of Secrecy*)一书中所做的事情。他并没有专注于反驳奥尔巴赫。但是,他在同样的《马可福音》中,在同样的关于耶稣受难的种种情节中,发现了一个与奥尔巴赫的分析完全相反的小说实践范型:这一类型不再站在会化成肉体存在的观念的一边,而是站在幻觉(illusion)的一边,通过这种幻觉,上文所说的肉体存在便消失在了文本组织之中。文本组织由此变成了一个神圣文本的拟象,小说家便在其中施展他的力量,使得它所隐藏的意义闪闪发光,而这一意义,最终仅仅是书写同其本身的纯粹关系,是书写者力量的纯粹展示。

克默德的论证利用了耶稣受难故事中的另一个情节。这里讲述了这样一个故事,一个年轻人和耶稣同时被捕,他光着身子跑了,将他白色的麻布外衣丢在了士兵们手中。我们发现,很难把这一关于一个无名角色的孤立事件,归因于简单的目击者的记述。所以,我们开始认为,这一事件表面上的无足轻重乃是涉及了某个其他的情节,而后者赋予前者以意义。最为可信的阐释将这一逃亡者的形象,关联到了那个穿白袍的年轻人形象——圣洁的女人们发现他坐在耶稣的空墓边上。而那件被丢弃的衣服,则联系到了耶稣被埋葬时身上的裹尸布。《旧约》中的一些文本——始于约瑟(Joseph)将衣服丢弃在波提乏(Putiphar)的妻子的手中——也为这一阐释做出了担保;这些文本提供了某种预示。于是,身着麻布外衣年轻人的情节,便进入到某种"诠释学的诡计"之中。它作为迹象(signe),向读者表明了这样一种形象阅读——透过这个故事,寻找在另一个故事中将会揭示出来的意义——的必要性。这一类迹象,还对应着一些作为现代实践的小说所使用的迹象。身着麻布外衣年轻人的情节,能够在乔伊斯的《尤利西斯》中找到其完全的对应物:在帕迪·迪格纳穆(Paddy Dingham)葬礼这个情节,出现了一个身着胶布雨衣的神秘男人,此人在故事里没有任何功能,他仅仅是乔伊斯声称"为了使大学教授们忙活几百年"而编缀的无数个谜中的一个。

于是,对于文学这一观念而言,形象叙述的后果,具有了一个完全不同的意义。《马可福音》再也不是传播给素人的、根据其他素人所见而作的记述。它体现了圣经的实现。彼得不认主的故事属于这样一个诠释学的诡计,后者首先应该去证明圣经的自我和谐。并且,这个诡计旨在将那些知道如何解开种种诡计的人,同不知道如何解开种种诡计的人,区分开来。福音的叙述,作为文学,作为所有文学的范型,有这样的功能:区分那些它为的人和那些它不为的人。克默德在这里考察了《马可福音》和《马太福音》提供的、关于撒种讽喻(la parabole)的奇怪评论。在这个讽喻里,耶稣从《以西结书》中摘出一段话,对门徒们说:"神国的奥秘只叫你们知道;若是对外人讲,凡事就用讽喻,叫他们看是看见,却不晓得;听是听见,却不明白。"克默德在这一"神学"程式中,看到了一个"诗歌"程式的范型,看到了一个文学——其中的"故事是晦涩的"——的范型,因为,书写者特有的能力是**神话**(*muthos*),是亚里士多德的知识中的情节(l'intrigue),也是这样一种知识的诡计(intrigue),这种知识经由神圣文本的文本策略的传授而变得更加复杂:它再也不会通往关于虚构的秘密,再也不会在不知情时揭示出人物角色是什么。它实现于——躲避于——对虚构之秘密的展示中,而虚构作为对秘密的展布,它所展布的不过是秘密本身。

又一个文学躯体的神学便因此确立了起来:这里,每一个关于道成肉身的叙事都是一次诠释学诡计的实施,每一次显示(monstration)都是一种隐藏的方式。某种文学观念亦被它正当化了:凭借亨利·詹姆斯的秘密和乔伊斯的谜,克默德阐述(illustre)了这一观念,而在爱伦·坡诗歌的起源中或者在博尔赫斯的迷宫里,我们也能发现这一观念的其他范式。在这里,"无限的书"就是圣经的意象(l'image):它被封上了通往主人秘密的道路,像讽喻的意义、地毯上的图样那样被深藏了起来,而向种种阐释和误释之无限性敞开。书写者出现其中,像一个神,一个种种游戏和意义的主人,他会选择那些向他们传递他的书的精神的人,也会选择那些向他们遗弃他书中文字的人:文学,便作为种种关于文学秘密终结之力量的无限自我演证,也就是说,作为书写者之意象的不断转化(élaboration)。奥尔巴赫倾向于把言成肉身自然化,把文本与躯体的基督教关系异教化,这种观念则倾向于将这一关系回溯到《塔木德》的米德拉什(Talmudic midrash),回溯到圣经与其自身的无限关系。

于是,我们能够建构两种小说神学,两种对以下问题互相冲突的阐释:在什么意义上,小说要归因于言的化身与圣经的实现这二者之间的基督教式对等?一种阐释是基于言成肉身,基于赋予文学叙述之可再现躯体的这种完整性;另一种阐释则利用了圣经同其自身的关系,而这一关系本身被完全证明是形象化。书写者的掌控——使文字与文字间的每一个关系都化为精神和躯体——便因此与被再现者的现实主义完整性形成了对照。但是,或许这两种小说神学都太容易地摆脱了问题的症结:这二者——被实现之书的真理、化成肉身之言的真理——之共存一致的不稳定性。实际上,小说在耶稣受难故事中找到的范型,既不是对于体现于卑微者躯体之意义的描述,也不是那种至上的言语——这至上的言语可以从**书**的呈现(offert)/隐藏之秘密中来创造情节。我们可以获得的小说与编年史的联系,既不在对人群中那一人的心碎之事的赤裸再现里,也不在有关那个身着白衣者的编码式讽喻中。它并不在任何文本论证(l'attestation)和躯体论证间的侥幸关系里。因为这一侥幸关系并不存在。文本证据和肉体演示的循环是无止境的。必须总要有一个躯体去证明圣经。也必须总要有圣经去证明所涉及的躯体的确是那个躯体。此外还必须有一个躯体去证明,那个消失了的躯体的确抹除了圣经与其自身的一切距离。从彼得不认主这一小场景里,或者从关于那个身着白衣的年轻人的无止境讽喻中,所获得的种种确定性,与塑造了约翰福音"可疑"结尾的那无止境的重复，形成了对比。这一结尾，从添加到添加，从遗嘱式的指引到些许如画的场景，都在不停地证明，书写这一文本的人的确是那**复活者**挑选出来见证他的复活、见证成千上万关于言成肉身的其他事迹的人，其书面记述乃是这整个世界之大都不足以包纳的。

正是这一张力将在几个世纪以来塑造两种思考躯体——躯体必须给予圣经之实现的故事以其所需的真理的增补——的方式。展示出这两种方式，乃是去识别两种关于书写与躯体的关系、两种关于在场与缺场的关系、两种关于圣经真理之躯体的神学。这两种神学拥有这样的潜能：它们可能是两种相反的小说诗学、两种关于书写之躯体与虚构之躯体间关系的观念。

方舟和沙漠

于是，让我们设法去定义这两种关于圣经真理之躯体的观念，去看看如何从中推演出相反的两种诗学，以及，对一个小说的现实——以及或许同它一道的文学的现实——的阐释，如何与这两种诗学神学的冲突有关。有这样四个概念定义了基督教圣经阐释领域，即精神、文字、言词和肉身，它们成比例地被安排得当：圣经的文字转换成精神的程度与言词生成为肉身的程度一致。正是在关于这一比例的阐释上，我要分隔两种阐释方法，而为了方便起见，我可以用两句话来概括这两种方法，一句话取自圣奥古斯丁，另一句话取自特土良（Tertullien）。圣奥古斯丁的话这样告诉我们："我可以正当地称诺亚为先知，自从，他所建造的那个方舟，那个拯救了他以及他所携之物的方舟，成了我们时代的一个预言。"（《上帝之城》，XVIII，68）特土良的话说："倘若肉身是虚构,及其诸苦难,精神便是虚妄,及其诸奇迹。"我愿意说明,这两句话是如何呈现了两种对写作之躯体的阐释——它们进而延展成了两种关于小说躯体的神学。第一种阐释,在文字的神学躯体和小说的诗学躯体之间,许可了二者的共存一致。这也就说,它使一种关于真理之化身的理论,同一种关于创造性想象的理论相符合一致。而第二种阐释则使这两个躯体相分离,将小说的以及文学的独特性一并同任何真理的躯体分隔开来。

让我们从奥古斯丁的说法开始。这可能显得无关紧要。但是,在这里,它乃是关于以下理论问题——关于"古埃及人智慧"的争论,及其与犹太启示的关系——讨论中的第一位议题;而这一理论问题,之后将会有许多次的复兴。事实上,这一文本是在回应如是异教理论:根据这一理论,摩西乃是埃及人,或者,不管怎么说,他被传授了那种著名的埃及科学,一种隐藏在由象形文字记录的神秘语-言中的神圣科学,并且,那还是一种十万年前的天文科学——较之犹太人记录在其众多神圣经典中的知识,要古老、庄严得多。

圣奥古斯丁以一个简单的论据反驳了那种看法:只有当有一个书写系统维持其运作时,一种科学才能被证明存在。但是,并没有书卷能够维持那些十万年前的运算,因为那些据说是由伊希斯(Isis)给予埃及人的书写,至多只有两千年的历史。另一方面,就希伯来人而言,其科学的先在性,则为其书写的先在性所证明。但是,这一先在性本身又是如何被证明的呢?圣奥古斯丁对这一问题作出了一个不同寻常的回答:哪里有预言,哪里就有书写。根据一个将基督教的疏解与古老的寓言进行对比的阐释程序,一句言语的铭写,召唤着一个躯体从其真理中到来,或者,召唤出一个被其后来的实现所证明的形象:一个形象,并不是一个将被转换成其意义的意象,毋宁说它是一个躯体,这个躯体预告了另一个躯体,后者将通过把前者的真理肉体地呈现,使前者完成。现在,根据奥古斯丁,早在先知们被如是命名,甚至早在摩西和大批犹太人从埃及离去,犹太人的书写——预言便开始了。在《创世记》告诉给我们的那些族长们的行为中,它就已经发挥作用了。自从预示了关于未来之救赎的种种事件,这些行为的物质性已经是一种书写。诺亚是一个先知,**因为**他所建的那个方舟预示了拯救的故事,这一故事通过基督的到来、死亡和复活而完成。这件事情可以放在一个三段论的形式中:

方舟是诺亚的作品。

但是,方舟是拯救的一个预示。

所以,诺亚的作品是拯救的预示,因此它有了一个关于预言的圣经式纹理。

显然,这个三段论并非是从其命题的线性顺序中获得效力(force)的,而是通过将以下三种有区别的行动,加入到一个单一的意义程序之中:神圣的书写者讲述诺亚的故事,构成了话语行为;诺亚建造方舟,构成了技术行为;在神圣历史的回溯性组织中,诺亚建造方舟的故事构成了预示行为。对诺亚而言,成为一个木匠和一个先知于是成了同一件事,正如成为写作的客体和主体也成了同一件事。讲述(诺亚的故事),制造(诺亚方舟),预言(救赎),所有这些只构成了一个单一的运作,准确地说,那便是形绘(figurer)的运作。圣奥古斯丁在这一概念中加入了两种现实的效果:物质性(方舟这一作品)的效果,以及通过其完成所获得的形象的证明。这个方舟并非一个手艺人做出来的没有生气的建筑。作为预言,它是一句言语,那精神的生命使其赋有生气。但是,反之,它又不是一个会消失在语－言的气息中的言语。它有着艺术生产出的东西的那种物质坚固性。这个被制造的对象以及被讲述的叙述,在它们不可分割的意义上,是预言性的书写,是一个意义的单一承诺。这个文本已经是躯体了,这个被制造的对象已经是一种承担意义的语－言了。这一形象乃是一个双重现实的持有者:其物质生产的**比喻性**(figurative)现实,以及它与其真理的未来躯体之间关系的**借喻性**(figurale)现实。于是,便足以使一个功能在另一个功能下滑动,从而使宗教文本转变成诗学文本,或者使编码式的叙述转变成生活自身的言语。这,正是奥尔巴赫所实现的东西,其实现的途径是:取消书写的距离,使福音书作者的书写行为及他的角色所经历的情感,成为穿透人们深度的同一个精神运动的两种表达。

这一运作于是便铭写在了关于神学－诗学转移——该转移由借喻和比喻的恢复所证实——的漫长历史中。这个转移的原则很简单:使借喻功能在比喻功能下滑行,从而,在不亵渎神明的情况下,使宗教文本转变成诗学文本。一方面,借喻消失在比喻之下:先知是诗人。他预言的真理乃是想象的真理,后者说着关于意象的形象化(figuré)语－言。但是,借喻在比喻之下的这一消失,直接将前者的力量传至后者,那便是证明一个躯体之真理的力量。借喻"仅仅"是比喻。但是比喻却暗暗地还是借喻的一部分。正是在这一双重运作的符号(signe)之下,神圣文本的疏解与诗学文本的阅读,在古典时代,在一个关于意象和寓言的语－言的单一理论中,融为一体。那个在现代总结了这一对等的人,便是维柯。显然,并非无关紧要的是,维柯研究的动机正是那个指引奥古斯丁的动机：针对某种旧的哲学、异教幻觉——这一幻觉关于的是古代寓言之隐秘——的争论。"真正的荷马"的理论，驳斥了那种嵌入其诗歌中的讽寓（allégorique）智慧的概念。诗人的种种寓言和形象，只是一种孩童的语－言。但是恰恰因为这个原因，它们是一种真正的语－言：凭借这种语－言，一个年轻的民族得以表达其对自身和世界的意识；通过这种语－言，神圣启示的漫长轨迹进入了世界。荷马是不可分割的神学家和诗人。但是他个体的声音也同时是一个民族的声音，从其感官经验的核心喷涌而出。于是，基督教徒维柯的荷马，便同无神论者斯宾诺莎的犹太先知完全相似。这其实是斯宾诺莎想要说明的：耶利米的预言如果被视作一个神圣的启示信息，以及一个对未来的承诺，那么它便成了空虚的言语。但是，如果把它看作是他作为诗人的想象的作品，看作他作为教学者的雄辩术的作品，看作幼年精神的显现，看作幼年民族的显现——这个民族透过编撰的面纱来讲述神圣之事，它便是饱满的言语。一言以蔽之，耶利米是犹太民族的荷马，是生活之书的编纂者，这本书，不再是宣告耶利米到来的**言**之书，而是民族之书，这个民族在用多彩的形象语－言去学习认识与自我认识。"希伯来的神圣诗歌"与古代希腊的史诗，跌落在同一个诗歌形象之下，这一形象既是美学的同时又不可分割地是阐释学的（herméneutique）。从那时起，史诗的黑格尔范型便创立了，即所谓"一个民族的生活之书"，这个由共同体——它正处在一个行动（agir）的时刻——的感性布匹所裁剪出的书，显示了这样一种信仰：言成肉身的基督教理念与"诗歌作为诸起源之语言"的维柯式理念，得以与"表达一民族灵魂之歌"的浪漫主义理念相关联。但是，这里同样也建立了一种看待小说的双重方式,而这取决于:我们是否将把小说境况(situation)的抽象化对立于个体与其世界之间的分离,或者反过来,我们是否将小说的想象归入这一理念:将编撰(fabulation)肉身化的能力。

但是甚至在维柯之前,就已经有一个文人,一个未来的牧师提出过:小说的寓言和神圣的文本具有同等的力量。1670年,拉法耶特夫人(Madame de Lafayette)的朋友皮埃尔-丹尼尔·胡埃(Pierre-Daniel Huet),为了替这位《克莱夫王妃》(*La Princesse de Clèves*)的作者辩护,出版了《论小说的起源》(*Traité sur l'origine des romans*)一书。他想弄清楚这些小说从何而来。他给出了一个答案,这个答案是从亚里士多德那儿移置过来的。对亚里士多德而言,诗歌的实存来自于模仿所带来的自然的、普遍的愉悦。在胡埃看来,小说的实存来自于人的精神从编撰中获得的自然的愉悦,这一愉悦从其双重起源中获得了不可抗拒的力量。编故事是孩童的愉悦,是愚昧无知者——他们只能凭借图像的语-言来表达和理解——的愉悦。但它也是高雅之士的愉悦,他们善于通过各种形象的游戏来使话语变得丰富多彩。因此,小说的愉悦,既为西方中世纪的野蛮民族也为东方高雅的宫廷所共享。但是,尤其值得我们注意的,是胡埃对于编撰(fabulation)这一概念的扩展。在这一概念中,他实质上加入了三样东西:寓言的发明,语-言的声音材料的游戏(简言之,为修辞学传统所确定的**构思**[*inventio*]、**谋篇**[*dispositio*]和**表达**[*elocutio*]诸方面),以及寓言的解释程序的发明。因此,故事的疏解同故事的发明属于同一种活动,同润饰故事的艺术也属于同一种活动。同样,诺亚之所以是先知,是因为他是木匠,是故事叙述中的人物,但同时也是由于这种一种创造寓言、创造语-言的游戏及赋予故事意义的艺术。在诺亚的寓言的方舟里，就是这独特的同时又相同的比喻活动在发挥着作用。这同样表现在《古兰经》的隐喻，耶稣的讽喻，或者柏拉图的神话；表现在《圣经》的寓言，伊索的道德意象；表现在《塔木德》式的或意象化的阐释，"非洲式"的对韵律的激情，《诗篇》中谐音游戏或者奥古斯丁的散文。因此，天主教的主教，很容易把基督教的讽喻或比喻比作"东方"想象的自由游戏，比作《塔木德》的疏解或异教的哲学神话。神圣的书写者已经变成了诗人，形象(figure)已经变成了语-言的形象化(figuré)游戏。但是，这一消失之所以可能，仅仅是因为，形象的"躯体的承诺"，已经被归并到想象问题里，从而将其等同于一个意义的承诺：这一承诺包含在起源性的、物质的语-言中，它通过丰富的意象预告了一种精神的语-言。

于是，小说这种没有体裁的体裁，适合于准确地复原形象性(figuralité)与形象化(figuration)，复原文字的躯体和虚构的躯体。在比喻(la figuratif)中在场/缺席的借喻(la figurale)，把比喻成了一个无限的储备库，变成了精神的一种无限的能力，使精神能够同时生产意象、和音、寓言和疏解，能够在意象中生产意义。在这一架构(schema)中，小说显示了人类精神的一般诗性(poéticité)。小说就是诗歌：它显示了精神的多像性活动——精神同时就是杜撰、虚构、造型、装饰和解释。

从十字架的疯愚(La Folie)到书的疯愚

但是，这一对圣经的躯体——作为一个虚构的(fictional)躯体——的阐释的直接结果，将被另一个关于躯体与文本关系的观念所搅乱，特土良的话体现了这个观念："倘若肉身是虚构及它的苦难,精神便是虚妄及它的奇迹。"意义的"虚构性"构成了所有疏解的限制,特土良由此想到了生活之书的真理条件:言词不仅要化为肉身,还要化身为苦难的躯体。这本身就证明了《旧约》的种种"日影"或形象的真理。但是,这一化身为苦难躯体的真理,反过来,不过是对将来之事的预告。它需要被完成,方能传递其所有的真理。但是这一完成只能通过这样的解释——通过另一部**圣约**(Testament)来确证这一部**圣约**——被生产出来。必须总要有一个新的躯体的牺牲,来使得一个书写躯体的真理到来。这正是圣保罗所说的:"我要在我身上补满基督患难的欠缺。"(《歌罗西书,I,24》)这并不是以一种"形象化的"方式来谈论他的疾病。它要召唤的是这样一个原则:真理是苦难肉身的真理,每一个形象都要服从这样一个真理的条件。化身为苦难躯体的真理要求,为了能证明它,必须总有一个新的躯体来牺牲自己。

为了赋予**经文**这一新的躯体,必须通过文字来接受**经文**中的命令,一次次"来,跟着我"的召唤。它必须在文字的裸体中被接受,而不能被抵押给任何形象的躯体,只有通过"对文字"的服从,通过重新奉献证明其真理性的躯体,它才可能是真的。相对于致力于圣礼的教会神学,这里所要建立的是苦行的神学,而在被编纂入伟大论述,尤其是伊瓦格里厄斯(Evagre)的《僧侣论》(*Traité du Moine*)和让·加西安(Jean Cassien)的《修道院生活》(*Institutions cénobitiques*)之前,他就生活在埃及的沙漠里。从这个角度验证**经文**,就是再次给予它躯体,从而文字能够再一次具有形式,以将其转交给那苦难,而在这苦难之中,化身履行了其承诺。于是,书写的观念便从日影/真理关系,移到了一个文本与其躯体上的标记的关系。苦难是这样的东西,它使躯体成为文本的表现,成为铭写神圣讯息的表面。

这个意义的程序是一个稀薄化(rarefaction)的程序。借喻的和圣礼的程序在文字和意象周围持续补充意义和形式,相对于它,这个稀薄化的程序对应的则是这样一种实践:意义在躯体之中的显示,不仅要通过身体的筋疲力尽来实现,并且还要冒着无意义的风险,通过无意义("十字架的愚拙"[folie de la croix])来实现。意义的真理,只能通过那将其躯体奉献给苦行修炼之人而来,而那些修炼,不仅仅是苦难之修炼,也是荒诞之修炼。沙漠教父的种种生活和言语向我们描述的这些修炼,在米歇尔·德·塞都所分析的"神秘的疯愚"中,达到了高潮。对他而言,Tabennesi女修道院的"疯女人"便象征了这个"神秘的疯愚"。这样的女人,通过她的沉默和服从,已经沦为了一个讨厌的造物,也因此,已经彻底地使她自己脱离了意义的回路,脱离了所有的象征化(symbolisation),并且,在她的神圣得到承认的那天,消失了。沙漠文学系统地接受了这些荒诞之实践,使暴露的躯体成为一个铭写**经文**真理的外表,并将它们与"对**经文**的贸然探察"的阐释实践对比。这并不是检验**经文**——从而能在其中读出诸形象与它们之实现的关系——的问题。一个人必须毁灭自己,还要毁灭让自己成为一个**经文**阐释者的要求,从而让**经文**的真理以伤害这个人躯体的形式——哪怕是荒诞的形式——到来。正是通过躯体的牺牲,**经文**证明自身是生活的言语。但是,这一躯体的牺牲,也使所有的书写都沦为书写痕迹的纯粹的、谵妄的(insensée)物质性。事实上,正是在这一神学框架之中,抄写的修炼被引入了修道生活。在成为传播古代文化财富的行动之前,抄写工作首先是一个纯粹的禁欲工作。它是《修道院生活》关于禁欲修炼的那一章所举荐的工作。抄写的工作，就像编篮子一样，应该占去僧侣的时间，使其远离怠惰（l'acedia）的危险，远离那落入躯体惰性（interie）的空洞的精神性。最初，抄写的内容并不重要。抄写，即便是对遗嘱文本的抄写，也都是对于荒诞（l'absurde）的修炼，由此，躯体便屈身听命于神圣的言语。关于这一点，以下这个小故事，便是一个很好的例子：有一位拉丁裔僧侣，在到达埃及沙漠之后，受到了怠惰的威胁。一个当地的苦修者这样来拯救他：苦修者委以他抄录一份拉丁文圣保罗文本的任务，同时小心翼翼地对他隐瞒着以下事实：在埃及沙漠里，没有人能够读懂他抄的东西。

从这个为证明**经文**的真理而展开的躯体的疯愚中，我们能够就小说躯体问题获得什么结论呢？它让我们回想起，卢卡奇从黑格尔关于浪漫型艺术的定义中所引出的"基督教"小说：在一个充满危险的世界——神性已经弃置了这个世界——灵魂的冒险看上去便是徒劳的。那个出类拔萃的小说主人公，堂吉诃德，把他的疯愚表现得同神秘主义者的疯愚一样，后者将他们的躯体用于对讯息的验证，直到抵近无意义的限度。但是，问题的核心并不在于上帝的疯愚者（fous）和骑士之书的疯愚者之间有什么类似，而在于书写的躯体与虚构的躯体之间的关系以及随之产生的虚构的"真理"。堂吉诃德牺牲自身所从事的对书的不快乐的验证，违逆了从化身的德性到编撰的德性这一顺畅的迁移过程。不再有作为人的诺亚、作为先知的诺亚和作为"书写者"的诺亚相一致的关系，也不再有荷马的虚构同他的人物、他的人民的存在方式之间相对等的关系，取而代之的，是解离（une dissociation）活动的运行：书写的力量被解离为骑士的种种不幸与其书写者的掌控。于是，小说不再是那个迷人的编撰的世界。它是这样一个场所，在那里，书写被展露为其所是的东西，它被剥夺了躯体。而书写的这一不可能的化身，把我们重新带回到虚构自身特有实在性原则。争斗好勇的堂吉诃德的史诗，引发了文字的躯体与再现的躯体之间的断裂，而正是这一断裂，保卫了作为撒拉逊人的受害者的那位不幸的公主，保卫了彼得法师的木偶。

自德意志浪漫主义时代开始，堂吉诃德这个人物，《堂吉诃德》这个文本，便被尊为小说现代性和文学现代性的根基。塞万提斯与他的英雄就像荷马和尤利西斯一样，主导着小说作为现代史诗的加冕礼。但是，浪漫主义所发明的文学传统究竟确立了什么，仍然有待观察，因为这一传统迷恋于疯愚者的寓言，这个疯愚者的梦想会时刻与现实相冲突；这一传统迷恋于书写者的游戏，这个书写者用虚构来自娱自乐，他宣称自己既是又不是虚构的父亲。在某种意义上，文学的悬而未决的（suspensive）实存这个一般性问题，可以被引回到一个特殊的问题：堂吉诃德的疯愚与展现他的疯愚的小说所具有的力量之间是一种怎样的关系？简言之，对于他的"疯愚"，如果我们不满足于以浪漫主义的方式分裂地看待，即一方面认为它再现了直面现实的理想，另一方面认为它再现了超越现实、理想对立的那种创造性"幻想"（fantasie），那么，它又是由什么构成的呢？对于［小说］人物的疯愚与作者（l'auteur）的"幻想"之间关系的解释，事关小说的"神学－诗学"性质的一切问题。

如果不假思索地回答，就会说，疯愚就在于：不知道如何区分现实和虚构，把其中的一个当成了另一个。这就是一个人的视错觉，即他在书本中已经消耗尽了他的双眼和大脑，对现实产生了幻念，想在那里找到他已经读到过的东西。这是塞万提斯在故事的最初几行里向我们提供的解释,浪漫派则把它揭示为理想和现实的斗争,现实以英雄为代价打败了理想,理想则在小说"超验的幻想"夺回了胜利。但是,同一个塞万提斯,向我们提供了几个并不符合这一架构的情节。最重要的一个,就是[堂吉诃德]同杜尔西内亚以及她一干侍女的虚假相遇。桑丘徒劳地努力使她们被堂吉诃德看到,堂吉诃德反而只看到了现实向他呈现的东西:三个体态肥胖、脸颊红润且没有教养的农民。在绝望中,桑丘在假杜尔西内亚面前跪下了。而只有到这个时候,堂吉诃德才加入了游戏。因而,他的疯愚不在于把现实的绿奶酪误认为书里的月亮,而在于模仿那个书使之成了责任的行为:像苦修者一样物质地、荒诞地献身给书的真理。堂吉诃德是出于责任才变得疯愚的。在他必须模仿他的榜样阿玛迪斯(Amadis)和罗兰(Roland)时尤为如此。当已经退入莫雷纳山中的堂吉诃德,决定像他的榜样罗兰一样扮作疯愚者时,桑丘设法以一个明智(bon sens)的反驳理由来反对他:罗兰受到安杰莉卡(Angélique)的欺骗,拥有失去理智的原因,而堂吉诃德却没有。但是堂吉诃德并不理会这种乏味的(prosaïque)明智:没什么大不了的,出于忧伤就发疯!真正值得称赞的,是没有任何理由而发疯,或者,仅仅出于一个人必须要发疯这一个理由,出于对书的文字的忠实而发疯。堂吉诃德的疯愚在于他成了这样一个人:这个人没有任何理由地去模仿诗人出于某些原因,服从于虚构的实在性原则,为其人物所所编制的东西,在阿里奥斯托(Ariosto)的《疯狂的罗兰》(*Orlando Furioso*)中,这个原则是使罗兰发疯的那个经过充分编码的激情的逻辑,罗兰面对着以比喻的语言被刻写在树与石头上的背叛的证据,即

107 缠绕在一起的安杰莉卡和梅多罗(Medoro)名字的首字母,这两个字母在模仿性爱时相互缠绕的躯体。

对《堂吉诃德》和《疯狂的罗兰》的比较,将会让我们更好地去认识虚构的实在性原则。事实上,它在阿里奥斯托那里以三个层面呈现了出来。首先,虚构的实在是文字的躯体,这勾勒出了它所意指的东西,即爱的相遇。其次,虚构的实在是虚构的具有拟真性(vraisem blance)的躯体,它在故事中置入了一个公认的修辞学与诗学的**主题**(topos):激情使人疯愚,发现别人欺骗[自己]的激情使人极度疯愚。最后,虚构的实在是虚构之受众的社会躯体,这一社会躯体使疯愚的非拟真性能够有效成为心理上的拟真性但却仍然属于旨在虚构中发生的事情的范畴。这一社会躯体本身就被虚构为诗的条件。诗人在内心中这样再现自己:他居于说故事者的位置上,向有文化的听众发表演说,向自己展现诗所想象的时空,在那里,每一首歌都像是一场聚会,在那里,诗人游戏着听众的注意力,并在这一游戏中将虚构作为共享的故事而建立起它的具体的现实。在形象化书写的物质性(它催生了疯愚者)和社会躯体的物质性(它把虚构的状况制度化了)之间,阿里奥斯托设置了一个相互证明的循环。诗因此就完全被收纳于借喻与比喻相互重叠的逻辑。《疯狂的罗兰》中的一段话阐述了这样一个滑移过程,它把世俗诗作的想象迅速扩散在了神圣记述的审慎之中。当奥斯托佛(Astolphe)模仿尤利西斯和埃涅阿斯(Énée),降入到地下世界,有一个人物在那里欢迎他,并且向他歌唱诗人的荣耀,这个人物不是别人,正是福音书著者约翰。约翰乞求他不要惊讶于自己对诗歌的热情:

> 我爱书写者,我分享他们的命运(lot)
> 因为在你的世界里我本人就曾是书写者……
> 并且,千真万确的,我颂扬的那个基督
> 为此给予了我奖赏。

　　福音书著者转变成了宫廷诗人,他期待因颂扬其庇护人而获得奖赏。这种转变似乎是一场独特的渎神活动。但是,像疯愚一样,渎神也被包括在、被平息于比喻(la figuratif)对借喻(figural)的接替之中。这次接替以一个确定的实在性原则来铭写虚构。虚构构成了现实这个特殊时空的一部分,在那里,被社会性地接受的法则(激情催生了疯愚者)产生了神奇的(fantastiques)结果,这些结果使人们能够无烦无忧地自娱自乐,因为它们并没有超出想象的状况。

　　堂吉诃德所特有的疯愚,就是去打破这一虚构的实在性原则,这是堂吉诃德周围的明智的人们所确信的原则。他们都认识虚构的时空,这一时空在现实中有一个标记清晰、界限分明的场所。因此,在收获时节里,旅馆主人便诱导人们享受那种忙中偷闲的乐趣,让他们通过阅读骑士传说来自我消遣,而他们知道,这些都是别的时代的故事。在我们的时代,这依然是一种关于文学的哲学智慧的立场:塞尔的智慧思考的是悬置了惯例的惯例,这一惯例建立了虚构的范畴,认为虚构就是传播与接收"不严肃"的陈述。堂吉诃德的疯愚打断了这一智慧,它反对这样一种实在性的原则,即反对把虚构限定于一件单独的事情,限定于书的赤裸裸的真理。堂吉诃德的疯愚悬留在一个基本问题上:是什么允许我们说一本书是真的还是假的? 有一种司铎(chanoine)容许诚挚

108

的文学消遣,却禁止由想象故事构成的书,堂吉诃德对此提出了一个至关重要的问题:是什么允许人们去宣布骑士之书的虚假性?如果它们不是真的,那哪些书是呢?接下来,就是一长串的书,一长串对这些书的真理的论证(attestation),一串经典的证据(preuves),通过这些证据,这些故事——同小说故事一样的圣徒生活:古老的证词,上级权威的承认,被保持、展现、评论的痕迹和遗物——便成了在传统中流传的东西。在这样一个论证的组织面前,下面的结论似乎就顺理成章了:"要设法让人相信,阿玛迪斯并不属于这个世界,犹如所有那些骑士也不属于各种塞满了故事的冒险,便是要说服我们,太阳并不发出光辉,森林并不带来寒冷,而大地也不再养育我们。"

这句话虽然表面上荒诞,但却告诉我们:世界不仅是由各种感性体验的特质组成的,也是由各种书组成的;不仅是由依照惯例共享的"想象"组成的,也是由一个关于书与论证——它要论证的是这些书所讨论的对象的实存——的连续体组成的。如果不拉出那整根链条,一个人如何能够切入这个连续体?这根链条同时包括了《武功歌》(chansons de gestes),古老的史诗,以及——如果我们在堂吉诃德停下来的地方继续——圣徒的书,这些圣徒的书自身的真理就呈现在这个证词、遗物和权威的组织里。在塞万提斯的时代,真理的伟大证据,言所成的这一肉身,正渐渐消失在传统的论证体系之中。于是,堂吉诃德的疯愚,就像米歇尔·德·塞都所分析的神秘的疯愚一样,再次充当了这个决定性的证据:充当了躯体的祭品——这个躯体为了论证书的真理而遗弃了自身。堂吉诃德献出他的躯体,并不是为了证明**书**(Livre)的真理,而是为了证明书之一般(livres en général)的真理,这些书全都没有父亲而又在追逐着这个世界。为了这所有的孤儿般的书,他重新展现出"十字架的疯愚",展现出躯体苦修的疯愚,苦修的躯体为了证明**经文**的真理,不仅承受着苦难,而且承受着荒诞。如果使用乏味的术语,我们将会说,堂吉诃德式的寓言,是特殊的关于准躯体的虚构,它的出现就是为了检验言成肉身的缺陷,测度一切书的真理与化成肉身**之言**的真理之间的距离。

但是,正如我们已经看到的,问题并不是要展示小说的疯愚者行为举止就像是上帝的疯愚者。而是要看到那里所揭示的书写与虚构的特殊关系。堂吉诃德的疯愚在于,他无理由地去做阿里奥斯托的人物有理由去做的事情。这是要打破虚构的实在性原则;简言之,这是要交换人物的位置与作者的位置。这就是堂吉诃德反驳桑丘的宫廷逻辑时所提出的不容置辩的理由:难道桑丘不是多少有些幼稚地认为:人们必须疯愚地爱,然后才能模仿爱的疯愚?他是否想象得到:诗人们是在用他们自身的崇高品质,来严肃地装扮他们所爱的对象?简单说来,和塞万提斯一样,堂吉诃德知道,杜尔西内亚不过就是农民阿尔东沙·罗任索(Aldonda Redonço)。但问题恰恰在于,堂吉诃德不是书写者而是人物,书写的孤独使一个人的幻想获得了全部的许可,同时也正是这份孤独创造了另一个人的疯愚。[书写者与人物之间的]这一脱节(disjonction)使小说摆脱了那种美满的关系:即摆脱了发生在作为人物的诺亚与作为先知的诺亚之间,在作为普通人的彼得与作为普通见证者马可之间,在荷马的诗学个体性和阿喀琉斯或尤利西斯的伦理个体性之间的那种关系。在脱节发生的地方,所建立的是一种脱节的(disjoint)关系:即发生在书写者的支配力(他可以戏耍一切的幻觉)与人物的疯愚(他将撞上所有的现实)

之间的关系,发生在小说家的王权(他写了书)与其人物的没落或小说读者的没落之间的关系。

因此,在两种小说神学之间作一个简单的对比,将是十分诱人的,具体说来,在马可所作朴素记述的读者与诠释学诡计的解释者之间做一个简单的对比,将是十分诱人的。从而,我们就可以用想象之物普遍具有的实体性去对比游戏与幻觉的书写者、掌控者的[全知]全能。我们知道浪漫主义时代是如何进行这一对比的:相对于呈现史诗性生活的书,小说是书写者[全知]全能[特质]的自我演示。并且我们清楚地看到,[书写者的]这一形象如何获得了一种典范关系的支持:在《堂吉诃德》中,这一关系所连接的是书写者对掌控的炫示与其人物的疯愚。面对一个相信书的人的疯愚,书写者将自己打扮成了一个能操控信仰的幻术师。有时候他消失在他故事的客观性之后,有时候他维护自己对故事的父权,有时候他把自己描绘成它的简单抄写者。当抄本丢失时他中止了记述,他从这中止里获得了欢乐;他宣布,幸亏一份偶然重新发现的阿拉伯手稿,他又重新发现了抄本;他还让他的英雄参观印刷其故事的印刷厂;简言之,他无限地改变着他的状态以及他与他的英雄的关系。由此,书写者的力量便在这些游戏中被展示了出来,通过这些游戏,他取笑他的人物,取笑他的虚构,而他所凭借的,正是那个移动的、终将消失的人物——现代时期将把它叫作叙述人。在 18 世纪,拥有斯特恩和菲尔丁的英格兰或拥有让-保尔(Jean-Paul)的德国浪漫主义,将会在这个游戏中欣喜不已,欣喜到视它为文学力量本身的程度。由此,书写者的巨匠与书的疯愚者之间的关系产生了一种廉价的文学神学:一种循环之书的神学,这种书无限地自我指涉,并为了它自己,也为了书写者的更大荣耀,扮演起两部约书的角色,而那两部约书,永远都在证实彼此之间的协调一致。这种神学被博尔赫斯用象征手法表达在[博尔赫斯的]《〈吉诃德〉的作者皮埃尔·梅纳德》的悖论里,新版的这个《堂吉诃德》的故事(fiction,虚构——译注),虽然字字都和旧版一致,却又完全不同,这是因为它所发出(énonce,言述——译注)的声音与这个声音的世界,改变了其所有言述(énoncés)的意义。这里有某种关于文学神性的神学,它起源于浪漫主义关于全能"幻想"的概念,结束在博尔赫斯的循环之中,在这一循环中,每一个虚构的躯体,都陷入了书向着自身的无限返回之中。我想,我们必须穿过这个主权文学游戏的幻觉,从而抵达一种文学准躯体性(quasi-corporéité)的理解,思考是什么把一种言述的姿态,一种在书的内外来回往复的叙述人的姿态,同一个社会-神学的寓言,同关于文字的疯愚者的寓言关联了起来。叙述人的准实存(quasi-existence),不单确保了书写者的主权,让他凌驾于人物具有实验性的准躯体之上,把人物变成他的人质。它还把这个"主权"连接到他的人物或人质的位置:人物或人质的疯愚便是去读书。无论谁,只要他被书写所捕获,也就是说,被**逻各斯**一切化身的缺陷(la défection)所捕获,书写者的主权都会认为他和自己密切相关。小说这种没有文类的文类,是这样一个书写的场所:在这里,充盈的言语的神话,活的**逻各斯**表现其自身躯体的神话,与其说遭遇了世界的现实,不如说遭遇了书写的现实:这是没有躯体的言语(躯体是对言语的证实)的现实,这是柏拉图所说的"沉默的画",它将启程去周游世界而没有父亲为话语提供保护,它将左行右转四处漂泊而不知道它应该或不应该向谁谈说。

有许多理论将上帝作为叙事的掌控者,认为是他在嬉戏着人物的疯愚与读者的信仰,而不同于任何这样一种理论,现代小说则表明,书写的权力同文字的扩散是相互关联的,文字没有正当性的躯体却走遍了世界。现代小说的故事同样是颠倒了最初的掌控关系的故事,它使文学的绝对性开始从属于任意一个存在者,任意一个"疯愚者",这一点被呈现在沉默不语而又喋喋不休的文字所走过的轨迹之中。因此,人们应该用塞万提斯快乐的幻想,来对比各种版本的现代的、悲痛的寓言,这种寓言写的是任意一个被书捕获的存在者,任意一个被要把他肉身化的意志所裹挟的存在者。于是,堂吉诃德再也不叫皮埃尔·孟纳了,而是叫韦萝妮克·格拉斯兰(Véronique Graslin)、包法利夫人、无名的裘德,或者布瓦尔和佩库歇——这些男男女女属于这样一群人,他们被书的激情与活出这份激情的意志所捕获与驱使。但是,这一变换不单是为关于书的疯愚者的欢乐寓言提供了一个痛苦的版本。它的叙述(narration)实现了书写者之于其人质的权力关系的反转。人们可以看到,这一颠倒以典范的方式运行在以下这两个时刻之间:在那最初的时刻,在《包法利夫人》——这是一个现代的、寻常的为书所害的人——的第一行,福楼拜将第一人称叙事置于缺席的状态("我们正在上自习,忽然校长进来了……");在那——我们不敢说是——最后的时刻,布瓦尔和佩库歇回到了他们本不该离开的写字台,去赎回他们的这一过错:对于书,他们不满足于抄写,而想要去验证(vérifier)。这里的问题是,作为他们过错的代价,布瓦尔和佩库歇通过抄写所有世界的蠢话,完全打乱了福楼拜作品的逻辑,而他的作品本已经逐行战胜了"蠢话",换言之,战胜了世界散文(la prose du monde)的无意义性,战胜了沉默生命的无意义性——福楼拜小说中的各个实验性的准躯体，有着完全相似却又绝对不同的语-言，它们就是从这些生命中抽取出来的。快乐的小说神学由此掉转了方向。书写重新转向其自身，这并不是书写者作为幻觉的主人所做的迷人游戏；这是抄写的愚蠢，它把所有的书写都变成了无意义之物，变成了僧侣苦修的那种荒谬的修炼，它把神圣的言语变成了无人将会阅读的书。福楼拜将文学绝对化了，但这种绝对化并不是使艺术脱离一切无意义之物的书写的主权。相反，文学的绝对化是这一书写主权的颠倒，是对于这一主权怀有的秘密的揭示。这一秘密不是荣耀的"地毯上的图像"，后者象征着虚构的主人同读者的欲望之间的游戏。这一秘密是文学的构成性矛盾。它肯定每一个主体的平等价值，由此它成了绝对之物，关涉着被称作风格的这种"观看事物的绝对方式"。但是，这一绝对化把所有适当的语-言，所有充盈的言语，都从文学中撤离出去了。不仅仅是角色/人质付出了所有化身都被取消的代价。而且就是这一风格自身，也唯有付出使它自己同世界伟大的散文——伟大的蠢话——之间难以分辨的代价，才能确认自身的绝对差异。言语的一切幸福的化身，全部都源于叙事的秘密所做的支配，而文学知道，它不同于这种化身，它的力量仅仅是书写的力量。同时它也知道，与此同时，这种孤独乃是在世上能分享的最好的东西，换言之，最少被分享的东西。

第二章
巴尔扎克与书的岛屿

115　　空间叙事(récits d'espace)有两种简单的类型,在这两种类型中,空间和叙事彼此和谐一致,所依据的却是两种截然相反的逻辑。

存在着这样一种故事(l'histoire),其人物(personnage)从一个地方走到另一个地方,直到他找到那个他启程去追寻的地方或福祉。他可能是个国王,神明的愤怒不断迫使他偏离返回自己王国的道路;他可能是个爱恋者,在寻找他高贵的未婚妻;他可能是个冒失的青年,在城市与城市之间追逐着财富;他可能是个来自乡村的年轻人,受戏剧的幻想驱使而向城堡走去,在他最终驻足的地方,他发现了自己那些冒险之事的秘密。在这样一种叙事之中,空间被设置出来,就是为了被游历的。在每一个阶段,新的场景的安排是为了给读者带来欢喜。但每一个阶段也当然地展现了痛苦、欲念与幻想,它们拦阻着这个旅行者,让他略微多走一些弯路。

这就是尤利西斯(Ulysse)、谢雷(Chéréas)、吉尔·布拉斯(Gol Blas)或者威廉·麦斯特(Wilhelm Meister)的故事。这些空间叙事,这些对于求取奥义之旅的叙事,被引导着走向这样一个目的地:走向那些人物所到达的地方,那里不一定有更多的财富,但绝对有丰饶的智慧。

有一个[与前述人物]相反的形象存在于这样一个地方,在那里,空间是笼罩着叙事的框架,是孕育人物及人物关系的环境。背景首先被安放于一个整体的视野。然后,镜头拉近,看见由背景所召唤出的人物和他们的故事,他们思考着由作为环境的场所所确定的属性,并把它们付诸行动。这个形象可能是摩索夫(Mortsauf)夫人①,她就像幽谷百合出现在偷窥者一览无余的目光中。这个形象可能是[雨果的小说]《九三年》中的朱安党人(chouans),这是一群属于树篱围隔的农田的孩子,他们在农田中成长,为农田所塑形并和农田相类似。这个形象还可能是[左拉的小说]《帕斯卡医生》中的工作室,这是给科学的宁静提供的一个虚幻的避风港,它完全密闭的百叶窗徒劳地努力保护着它免于太阳的灼烧,不受热力与血统法则的支配,但这一法则却通过让这个老学者着迷于这一法则,把这个学者变成它的捕获物而获得了完成。

因此,我们有两个简单的形象:游历其空间的叙事和孕育其叙事的空间。[我们有]两种虚构的叙事,进而它们适合以不同的方式去构建科学话语——譬如社会科学或历史科学——的框架。

但是我对第三种类型更感兴趣。在这种叙述中,[前述]两个元素都在其中,但它们保持着互不相干的关系,彼此面面相觑,剑拔弩张。在那里有一个关于寻找、迷途与拯救的故事,因此它带有第一种叙事类型的元素。在那里有一个叙事的框架,有一个

---

①巴尔扎克的小说《幽谷百合》的主人公。——译注

环境,它向它的人物身上投射了城市的阴沉或乡野的粗犷这样的特性。只是,这两项彼此不会产生交接。[在这里,]空间不再出借自己作为人物的旅程,也不再把授予自己的特性作为人物的特性,它凝结了起来,固着在它各个点中的一个上,它仿佛越过了叙事,把叙事徒然追逐的故事的真理也固着在了这一点上。因此,就存在着一个环境的中心(un milieu du milieu),这个中心摆脱了空间的特性。场所的真理和叙事的知识不再能够保持一致,除非力量发生了变化,而作者应通过这力量的变化坦荡地展示自身,对亚里士多德来说,这种变化构成了坏的情节(la mauvaise intrigue),甚至是坏的作家的特征。

这种空间叙事的典范是《新闻报》在1839年1月1日这一期上向读者提供的这种叙事的第一个片断。其作者是奥诺雷·德·巴尔扎克,标题是"乡村教士"(Le Curé de village),第一章题名为"基督教的关怀"(«Sollicitudes chrétiennes»)。无论如何,从叙述(narrativement)上说,这件事似乎有一个良好的开端。第一句话就把我们放在了一座山岗上,这座山岗俯临着接下来的行动的剧场:这是利摩日(Limoges)主教府的屋顶花园,它俯临着维埃纳河(La Vienne)。从那里我们用全景式的目光(regard)注视(contemplons)着这个场所,它约束着故事[的发展],并为人物提供了他们的性格。显然,第二个类型(genre)的叙事是根据艺术的法则引入的。但是,我们的全景式目光将突然发现它被并入了一个特权者的视野。这段描写向我们指出,在朝西的方向,在郊区以外的地方,有一座长满了杨树的岛屿,在日落时分,杨树的倒影把水面分成了两半,一直延伸到岸边的一座孤零零的房子。我们[的目光]随着两位教士一起走下来,到最末一层的阳台去找他,这片地方的主人,这位主教,他坐在那里,眼睛机械地盯着杨树投下的阴影的轮廓线,这条线连接着岛屿和河岸。

两位教士觉得[主教]大人心神涣散。但绝非如此,叙述者告诉我们:"主教在维埃纳河的沙子里看到了全城都在寻找的谜底。"后来,在两个段落里,这座岛屿三次进入我们的目光。并且,我们已被告知,一个特权者的目光预感到了谜底,它隐藏在岛屿的沙子里。[但]谜面到底是什么呢?教士向我们讲述了与这个谜面有关的所有事情。一个被判以死刑的人在行刑前拒绝以基督徒的方式忏悔。相反,他用叫喊和淫秽的歌曲凌辱要听他告解的神父。因此,对教会来说,重要的是避免一个丑闻式的结局。为此所提出的解决办法是去找罪犯所在村子的教士,一位默默无闻的圣人,博内(Bonnet)神父。在作出了决定之后,主教对身边的年轻秘书拉斯蒂涅(Restignac)神父重述了他的观点,向他说了这些离奇的言语:"我们谋求的忏悔的秘密无疑就埋藏在那里。"①年轻的神父对此给予了同样离奇的回应:"我一直这样想",并顺便说及有一位女同谋,说她现在肯定正在镇上的某个漂亮的房子里发抖。我们不知道这个被追问的秘密是什么,也不知道为什么年轻的神父和他的主人总是认为秘密就藏在那里。于是这个岛屿一下子就聚焦于对其秘密的叙述,而甚至早在我们知道问题所在之前,在我们知道他们提到的罪行是什么之前,教士们的目光已经洞悉了这个秘密。

当然,随后的叙事就一点一点地向我们透露了这个案件。有

---

① 巴尔扎克:《乡村教士》,王文融译,《人间喜剧》第 19 卷,北京:人民文学出版社,1990:71.——译注

一个老守财奴住在郊外孤零零的房子里,他连同他的女佣一起遭到了抢劫与杀害。罪犯很快就被找到了,因为他留下了不少犯罪形迹:现场的鞋印,埋藏起来的花园钥匙、挂在树上的衣服布片。罪犯是一个年轻的瓷器工,名叫让－弗朗索瓦·塔士隆(Jean-François Tascheron),在此之前,他的品格和操行都无可指摘,而这是博内神父教育的结果。但是塔士隆执意保持沉默,他不仅拒绝谈论他的犯罪动机,而且拒绝透露他把被杀老人的金子藏匿于何处。这般奇怪的举动让我们觉得他犯罪的动机与爱情有关,这个年轻人很可能是爱上了一个地位在他之上的人,但他又不想连累对方的声誉。在得到判决之后,他不再沉默,转而发出叫喊与淫秽之词,而这正是"基督教关怀"的事由,是博内教父被赋予使命的原因。[博内神父]这位圣明的教士成功地完成了任务:塔士隆是作为基督徒死去的,这是好的;而更好的是,他许诺那些钱将会被归还。由此整个叙事的第一部分就可以结束于它由之开始的那个环境。在主教的各层阳台上,一个美好的秋夜,另一个人物坐在最末一层的阳台上,沿着同一条轴线远望。这是利摩日的检察长,他不仅代表着神的恩宠,而且代表着人类的正义。此时,一种启示(une illumination)在字面和形喻(figuré)两个层面上同时发生。检察官的目光惊讶地发现岛上着了火,火光照亮了他的头脑。我们曾经多么的愚蠢,他叫喊道。秘密就在那里。实际上,它的确就在那里,除此之外,当法院派的人员到达现场,他们发现,那位罪犯的弟弟和妹妹刚刚挖出藏在沙子里的钱币,但同时也在焚烧那几片包裹钱币的布,而从那些布片中也许可以辨认出谁是"这个"同谋。

我们知道,在一定意义上,这一秘密是被最初的场景唤起的。

不过这仅仅是在最为直接的意义上：隐藏的钱财确实就在那里。我们仍然不知道谁是那个能够证实犯罪原由的同谋。而尤其是，我们仍然不知道为何主教和他的秘书仅仅通过他们的目光就至少知道秘密在那里。我们不知道为何叙述者专横地把我们安置在秘密场所的对面，他的目光引导着我们的目光，他又将自己的目光同化于教士的目光，同化于那穿透了肉身表象的目光。而在被穿透的表象之下，存在着一种什么样的关乎灵魂的事务呢？确切说来，这座岛屿通过什么又因为什么而成为那个秘密呢？它通过什么又因为什么而不仅成为藏匿之所，而且成为故事的秘密与罪行的"灵魂"？

这样我们就来到了小说的第二部分，标题是"韦萝妮克"（Véronique）。经过一番略有些艰涩的衔接，这一部分在巴尔扎克的伟大传统中作为第二种空间叙事开始了。它对利摩日底层人肮脏的住宅区的描写逐渐开始聚焦于一座摇摇欲坠的破房子，描写这栋房屋的主人，而他就和他的房屋相似。索维亚（Sauviat）是来自奥弗涅（Auvergnat）的废铁商，由于变卖国家资产，他积攒了一笔财富，又把财富精心藏匿了起来。他的生活方式没有任何的改变，为了家庭的经济状况，他在已入壮年的时期和一个健壮的农民结了婚，这个农民给他生了一个女儿，〔这篇小说的〕叙事就将集中在他这个女儿身上：韦萝妮克，她是这个地方的灵魂与精灵，是"郊区的小圣母（vierge）"，是个以美丽与温驯著称的孩子。她的青年时代只有两个标志性事件。首先是天花损害了她的美貌，可是并没有完全摧毁。有时，这种已经隐入她的灵魂的美，会穿透肉身的包裹，照亮她的面孔。第二件事情是星期日漫步时，她在一个露天货摊上买了一本书：《保尔和维吉妮》（*Paul et*

Virginie），这本书对所有人都有教化意义，她以此向教士咨询，教士给予了高度的赞扬。可是叙述者告诉我们，这本极度纯洁的书要比淫秽的书更能毁坏韦萝妮克的生活。由于这本书，"覆盖在自然之上的面纱"发现它自己被粗暴地从她的眼前拉开。韦萝妮克梦想着热带，梦想着纯洁的爱。她非常喜欢凝视坐落在她窗户对面的岛屿。她用保尔和维吉妮的岛屿的名字对它重新命名，称之为"法兰西岛"。她构思了一篇小说，想象着自己被提升到了理想世界的高度，而这世界属于那个从索维亚家的窗子下经过的年轻工人。

不过，这些梦想似乎回到了［现实］秩序之中。在牧师的建议下，索维亚夫妇便开始经营维吉妮［即韦萝妮克——译注］的婚事。这个废铁商的秘密财富使他能够作出安排，将女儿嫁给陷入困境的银行家格拉斯兰（Graslin）。这是一次不太愉快的婚姻，她的丈夫丑陋、贪婪，对妻子的愿望漠不关心。于是她想法设法来获得自我安慰：聆听精神导师的读经，聚集城里最有趣的人举办沙龙，阅读各种各样虔诚的作品，特别是用这些作品对工厂工人进行道德教育。这样看来，她似乎对自己的境遇感到满意，和丈夫的关系也很亲密，她期待能和他很快有个孩子。就是在这里，韦萝妮克的故事与凶杀的故事连接在一起。在审判的时候韦萝妮克已经怀孕了，她为那个年轻人犯罪的事实与原由开脱，付出徒劳的努力想说服这位经常来她的沙龙的代理检察长，但他没有听从于她，而是请求［对那个年轻人施以］死刑并马上执行。在判决之后，韦萝妮克身染重病，备受煎熬。

当然，关于"这个"女人的身份，读者早就不再有任何怀疑。读者看到下面的状况将不会感到惊奇：得救的韦萝妮克，一个孩子的母亲,很快变成了寡妇,她离开利摩日,在她丈夫购买的房产里定居了下来,那处房产所在的村子就是那位教士和那位杀人犯生活的地方。小说的最后一部分题为"踏入坟墓的韦萝妮克"(«Véronique au tombeau»),它在十一年之后将我们置于另一个阳台——蒙泰涅克村的城堡的阳台。在看过绿色的牧场和肥硕的畜群这一派田园诗般的自然风光之后,在看过城堡女主人活动的成果之后,小说的叙事把我们带入到住所的内部,韦萝妮克就要在那里死去。在死之前,她做了一个公开的忏悔,向所有人讲述了这个对于读者来说已不再是秘密的秘密;这是个将随着她一起消失的秘密,即不幸的塔士隆是为了她而去做抢劫之事的,当时的情势把这件事变成了一桩罪行。自第二部分一开始,我们对此就已经有所"了解"。但究竟了解到了什么呢?我们不仅了解了这位同谋的身份,而且了解了为什么这座岛屿曾经是秘密的场所。因为这座岛屿就是韦萝妮克的岛屿,她把这座岛屿等同于《保尔和维吉妮》中的那座岛屿。如果埋藏的财宝——这是罪行的产物——是在那里被找到的,这首先是因为韦萝妮克把她的财宝、她的心都放在了那里,因为她把她的浪漫故事(roman,即小说——译注)就限定在那里,她把她梦中的这个年轻工人——不幸的塔士隆引入了这个浪漫故事。这座岛屿是"犯罪场所",因为它已被投射入行动的空间,它已被直译为别一座岛屿:对岛屿的梦想本身就具有孤岛特性,这是理想的疾病,是青年女性的躯体对其处境的逃避。这种逃避是岛屿故事所产生的效果,对于普通的青年女性来说,岛屿故事是致命的故事,不是因为这种故事粗糙,恰恰相反,因为这种故事具有理想的单纯性。

然而,这样一种叙事伦理(morale)似乎有些过于局限。它不足以证成第三种叙事的独特结构。这种叙事通过同化于教士的目光,凝视(la fixation)着这座中止了叙述(la narration)的岛屿。人们不会停留在那里,巴尔扎克自己也没有停留在那里。一旦系列连载完成,小说就应当以一卷本的形式出现。然而出版商为这本书稿不得不等待两年多的时间。而且还是在法院执达员向巴尔扎克发出督促传票的情况下,出版商才拿到书稿。在这两年间发生了什么呢?巴尔扎克对于这篇小说的叙事作了两处重大的修订。首先,他简单颠倒了一下前两章的顺序,现在故事的开头是韦萝妮克的童年及其婚姻的故事,然后转向[与第一部分]并行的第二部分,是[塔士隆的]犯罪与[韦萝妮克作为]格拉斯兰夫人的故事。实际上,小说家发现自己面临一个两难的困境:以《基督教的关怀》作为开头部分的读者很难理解为什么他要从一个模糊的结果倒过来去探求如此转弯抹角的原因。而相反,[以]《韦萝妮克》[作为开头部分]的读者很快就被告知了原因,因此一旦当结果出现,他几乎没有什么理由去等待它再去对原因作揭示。从原因开始,而不是从主教的目光开始,巴尔扎克这样做是在选择一种不那么不合逻辑的解决办法。但是很明显,他却由此使得该书的第三部分显得更加多余。

不过,这是在第二次转换发生的时候:这一部分已变得更加多余,巴尔扎克将使之无限地延展。他当然有充足的理由这么去做。这本书名叫"乡村教士"。它被写出来,就是为了展示如何救赎它所描述的那种令人悲伤的罪过:这就是基督教,作为精神的同时也是社会的系统,基督教被实践于其一切的纯粹性之中,它截然不同于意识形态,同时也完全反对后革命世纪致命的转变。因此这本书必须确立某种东西,将教士展示在他的布道之中,伴和韦萝妮克走过她漫长的赎罪旅程。

不过,这个冗长不堪的部分实际所做的不止于此。如果我们抛开第二章的方方面面,抛开礼拜日的谈话与有悔改表现的苦刑犯的故事,书的主干部分充满了与巨大的工程项目有关的故事,韦萝妮克通过这些工程来改善蒙泰涅克干旱的土地。教士观察到,水是在长满了树木的山上流失的,如果筑起堤坝,就能够截取水源,使其改道来浇灌平原。正是这些大工程,让韦萝妮克献出了她的资产,交给一个厌恶国立学校,深受圣西门观念影响的年轻工程师来管理。于是,这片干旱的休耕地变成了肥沃的牧场,这使它有了普遍繁荣的保证。

显然,这是个意料之中的故事,这是一个教士在乡间工作,用上帝的言语感化乡村的故事,它遭受着另一个故事的折磨,遭受着另一个关于空间的故事的折磨,这另一个故事是一个神职人员用他的视角重新界定的故事,这个神职人员证实他并非通过言语而是通过目光来穿透表象,连接各个空间,同样也是他,在无人去寻找的地方,看到了藏匿起来的财宝。小说的第三部分正是对于这一错误做法的回应,其方法不是教授教义,而是构建另类的地形学或地理学,构建土地与水的另一种关系。这座关于梦想与罪行的岛屿逐渐占据了河流的中心位置,与之相对,巨大的灌溉网络则使土地增加了肥力。两个普通人家的孩子——一个是工人,一个是废铁商的女儿——都迷失在土地和水的关系之中,而在与这种关系相反的另一种关系中,乡下人们的生活开始变得繁荣。因此,第三部分并没有用道德去对抗邪恶,并没有用现实去反衬想象。它在地理学一词的严格意义上对比了两种地理学:即对比了书写借以被铭刻入空间的两种方式。

因此，我们可以更好地理解这个岛屿的故事。这座岛屿不仅是书内部的一个虚构，它也是关于总体的书的一个隐喻，是关于作为存在类型的书的一个隐喻。岛屿的空间与书的容积相互表达，界定了一个确定的世界，界定了一种确定的方式，书写以这种方式通过拆除另一个世界而创制了一个世界。为了理解这一点，我将迂回开去，讲另一个关于岛屿的故事，这个故事属于另一种文学，我们可以称之为"工人文学"。1844年，《一个孩子关于萨瓦的记忆》(*Mémoires d'un enfant de la Savoie*)出版了，这是克洛德·谢罗克斯(Claud Genoux)讲述的故事，他很早之前是一名年幼的烟囱清洁工，后来做过多种行当，走遍世界，再后来他去做了一家印刷厂的续纸工。谢罗克斯在前言中告诉我们，他16岁的时候往来于里昂和马赛之间，如何因一个小事故被迫去罗讷河(Rhône)的岛屿上住了一夜。"在那里"，他告诉我们，"在一个破旧的茅屋中，几名船员热情款待了我，我在一块搁板上发现了一本被虫子吃掉了一半的书。这部已经遗失了标题的作品，向我展示了它所包含的内容：一位来自阿维尼翁(Avignon)、名叫莱昂纳多(Léonard)的年轻人的冒险经历和他第一次获得的诗歌灵感。这本书富有作为(faits)与情感，对它的阅读带给我一个极为惬意的夜晚。第二天早上，当我不得不离开，不得不丢下这本书——这本书不属于我，他们也不同意把书出让给我，因为这本书就是这些好心人全部的藏书，——我觉得就像是和一个朋友生离死别。"

他告诉我们，此后他一直在寻找这本没名字的书，但结果都是徒劳，除了他，所有的人都忘了这本书的存在。"哦，好吧，"他补充说，"这本书湮没不彰非但没有让我失去勇气，相反，它赐予了我力量与意志,让我用相同的文类来写这本书。我告诉自己,或许在我死后,某个勤奋的年轻人也将在一个烟雾缭绕的窝棚里的一块搁板上发现我的作品;或许他将保持着对我的作品的记忆,就像我保持着对于莱昂纳多的记忆一样。"在此之后,谢罗克斯向我们讲述了他的旅行和他的历险,这些历险多多少少都是可信的,它们引导着他与其他人一道,走向那个众所周知的书写的岛屿——鲁滨逊·克鲁索(Robinson Crusoé)的岛屿。

显而易见,这一叙事首先是一个典范的寓言故事(fable),是一个关于平凡的孩子同书相遇的故事。这一相遇具有更为典范的性质,因为这本书是独一无二的,它与其他的一切书都分离了开来,并被禁闭在一座岛屿之上。这座岛屿作为一个分离的场所,这本书作为一个孤立言语的大陆,这二者之间是相互意指(signifient)的。这个寓言故事将这一意指过程(signification)交给了自学者叙事中的这些必不可少的场景,在这里,那个平凡的孩子给我们讲述了他与书第一次相遇的故事,这种故事永远都是一样的,它偏爱露天货摊、节日阳光与港口这样的场景。所有这些关于书的岛屿故事,所有这些书-岛的故事,它们彼此太过于相似,以至于人们无法分辨它们之中的muthoï[故事],在柏拉图的意义上,muthoï指的是关于命运的叙事。

巴尔扎克讲述给我们的这个寓言故事,就属于那些关于命运的叙事,在那里,书的岛屿阻碍了生活的进程,而生活通常都是献给只属于手工劳动的作品或家务活动的。"罪"(Le «crime»)甚至不是来自贝尔纳丹·德·圣·皮埃尔(Bernardin de Saint Pierre)的书[《保尔与维吉妮》]所讲述的那个关于快乐岛屿的故事。它也不是来自我们平常所构想的乌托邦,那个作为梦境的乌托邦,它梦想着遥远的岛屿,在那里,一切关系都将是纯粹和透明的。恶(Le mal)来自于一般意义的书中,来自于书写的页面所构成的封闭的平行六面体,生活只要求继续它直线的进程,但这个六面体阻碍了它的道路。恶来自于这座属于言语的岛屿——这座岛屿就是书,来自于这座由言语构成的岛屿,这些言语偏离了某种语－言(langage)的用法,这是那些男女所专有的语－言,而他们正是劳动生活所等待的人。实际上,根据这样一种语－言的用法,言语产生于躯体,是一个躯体向另一个躯体演说的对象,它意味着已经被体验的状态,或者有待被执行的行为的状态。所有言语都有完全确定的起点和终点,这样它们就进入了各个躯体在它们自己的场所,用它们自己的功能所做的有序安排。当这个空间被诸个目的不确定的空间穿越、突破时,混乱就产生了:漫步的场所同时也是商品的场所,在那里,可以获得一种特殊类型的商品,可以获得这样一种言语,它们脱离了常规的流通线路,退回到书本之中,而书,根据马拉美的说法,已转化成"精神的工具"或者"灵魂小写的坟墓"。这种言语摆脱了言语在常规状态下的那种标示、命令与指认的游戏。此后,它们被某个人说出,而我们再也不知道听的人是谁了。它们构画了一个独特的空间,这一空间把自身叠加于躯体在共同体之中的展布(disposition),并重新组织了词语和事物、话语秩序和情境秩序之间的关系。

在这些寓言故事中,书是在岛屿上找到的,或者是关于岛屿的,而书的魔法也是在岛屿上才得以实现的,因此这些寓言故事看起来就像是对于一个伟大寓言故事、一个起源性叙事的数量繁多的回应,它们重新分配(redistribuent)了它的元素,颠倒了它的意义。我将要讨论的这个起源性叙事,两千年来一直规范着西方关于书写的思考,这就是柏拉图在《斐德罗篇》(*Phèdre*)结尾的叙事,它向我们呈现了[这样一个故事]:发明者图提(Thoth)向国王塔穆斯(Thamos)夸耀他的发明——书写(l'écriture)。你已看到,国王回应说,这种手段无法使人成为学问家,而只能让人变成徒有其表的学问家与讨人厌烦的人。实际上,书写有两个缺陷。首先,它是沉默的,像一幅总是愚蠢地指着同一个事物的画。它没有能力陪附于它所勾画的**逻各斯**,没有能力回应人们向它发出的质问,从而它没有能力把这个**逻各斯**变成生活的准则,变成一种可以在灵魂中生长的力量。其次,与第一点相反,它又是太过饶舌的。没有一**个逻各斯**引导着它,它没有父亲陪附着它,它到处流浪,不知道它的话应该向谁说和不应该向谁说。因此书写是沉默/饶舌的图画,是孤儿的言述,它被剥夺了赋予了它意义和正当性的声音,偏离了**逻各斯**由之成为生活原则的这样一个轨道。

这样看来,书写不仅是一种低等的言语形式。它是话语的正当秩序的不规则形态,是这样一种方式的不规则形态:依靠这种方式,它自身被分配(distribue)于、同时它又将躯体分配于一个有序共同体之中。为了理解这种不规则形态的原则,我们必须在《斐德罗篇》中从后向前追溯,直到其先前的一个神话,一个关于蝉的神话,这一神话被用于对比两类存在者:一类是劳动者,在蝉声高唱的炎热时刻,他们来到树荫之下午休;另一类是辩证学家,由于他们有言语的闲暇,有对言语进行现场的、无限制的交换的闲暇,因此他们就同前者分隔了开来。在此之前还有一个神话,一个关于有羽翼的马车及其坠落的神话,它真正确立了这样一种情境的划分。它将灵魂在不同情境中化身的不平等性同这些灵魂所显示的能力差异联系了起来：即灵魂是否有能力承担天国真理的视野。因此，情境的低劣显示了一种生活方式的卑下，这种生活方式脱离了**看**与**说**的真理方式。

书写所独有的这种不规则形态打乱了这种等级关系，它把不协和音程引入到了共同体的交响曲之中，在柏拉图看来，这种交响曲就是三件事情之间的和谐：第一是公民的日常事务，他们的行事方式；第二是他们的存在方式或**品性**；最后是共同体的**法规**（le *nomos* communautaire），它不仅是为共同体所有的"法律"（«loi»），它还是这个共同体的"旋律"（«air»）或音调（ton）。通过扰乱活的言语的目的，书写扰乱了行事方式、存在方式与言谈方式之间的关系，而在柏拉图看来，正是这三者之间的和谐构建了被活的灵魂赋予了活力的共同体。

我建议给这个不规则形态赋予这样一个通用名称：文学性（littérarité）。相比于诗的虚构以及柏拉图所说的那种进入公民灵魂的病态的拟像，文学性对思想构成了更为严重的挑战。事实上，这些词语-岛屿横陈于**逻各斯**的河道，它们不满足于仅仅烦扰脆弱的灵魂。它们重新剪裁了躯体与共同体规范之间的空间。它们在共同体地貌之上构画了另一种地貌。这另一种地貌造就了另一个共同体的岛屿性空间：这另一个共同体就是受文字与文字的岛屿统治的共同体，也就是说，是被民主统治的共同体。

实际上，民主不能仅仅被界定为一种政治制度（un régime politique），即诸种制度中的一种，其特征仅仅是另一种形式的权力分割（répartition）。如作更深刻的界定，民主是一种感性的分享（un certain partage du sensible），是一种感性场所的再分配（redistribution）。而支配着这种再分配的，是文学性这一事实自身：是书写之作为"孤儿"的制度,从可用性上说,是书写空间所构成的系统,这些空间用它们太过拥挤的虚空(vide)与太过饶舌的沉默洞穿了共同体风习(*ethos*)的鲜活组织:这些空间,譬如雅典王室的门廊,在那里,法律被书写在活动木板上,像愚蠢的图画一样被钉在那里,在《政治学》的讲述里,它们就类似于一个医生开出的处方,而由于所有疾病都即将到来,这个医生已经去远方谋生;譬如剧场的正厅前座(l'orchestre),在那里,如苏格拉底所说,任何人都可以花一德拉克马(drachme)①购买伯里克利(Périclès)的导师阿那克萨哥拉(Anaxagore)的书,这位物理学家第一个掀起了"蒙在自然之上的面纱";譬如雅典的市集,在那里,一个沉默而又饶舌(bavard)的词语正在施行它的权力,它要比其他一切词语都更易于导致长篇大论(bavardage),这个词就是 *démos*[**人民**]。我们知道,这个词语起初的意思仅仅是地区(territoriale)的划分:是人们在那里扎下根来的地方(le quartier)或大地的角落(le coin de terre)。在克利斯提尼(Clisthène)改革之后,这个词的意思发生了变化,为了破除贵族的权力,克利斯提尼重构雅典的部落,把它们都改为由在地貌上彼此分离的,分别来自城市、海滨和山区的"村社"(dèmes)组成的部落。这一改革通过用相互分离的岛状地带来构建城邦城邦(la cité),重塑了城邦领地的面貌。不仅如此,它还催生了 *démos*[**人民**]这一政治形象:人民(le peuple),亦即"无产者"(«gens de rien»)的集合,亦即从无产者的附加物以及无产者对共同体整体的认同中诞生的虚空。

民主首先是这种书写的"孤岛"共同体的地貌。可以把地貌

---

① 德拉克马,希腊货币单位及古希腊银币名。

想象为可疑的土地与水之间的联姻。对于柏拉图来说,民主是划桨者的制度,柏拉图梦想着建立一个尽可能远离一切海洋影响的城邦。人民的制度就是书写的制度,同时也是岛屿的制度。我们常常把岛屿的意象与乌托邦相结合,与遥远的想象之地相结合。然而,岛屿所象征的首先是民主的形象。民主就是这个"虚空的""抽象的"空间,它勾勒出了几个不相系属的词语——人民、平等、自由等等——所共有的权力。民主也是一场运动,通过这场运动,这些不相系属的词语把握而后又偏离了那些对**逻各斯**与共同体无所用心的存在者所开辟的道路。

这些不相系属的词语拥有的权力孤岛绕开了生活的混乱,而我们知道,这种混乱正是巴尔扎克时代无法摆脱的困扰。在他的时代,这种混乱被称为**等级失序**(*déclassement*):文字的路径把平民的躯体所承受的不幸从它们的自然命运中驱离,并把它掷入到流浪与悲苦、自杀与犯罪的道路。《乡村教士》就是一个典范的关于民主的寓言故事,也就是说,是关于被如是理解的等级失序的寓言故事。实际上,民主、等级失序就是这个寓言故事的主题。大革命引发了社会情境的巨大变革。它把索维亚这个铁器商(l'homme du fer)变成了一个无人知晓的百万富翁。在柏拉图那里,寡头政治的守财奴因为儿子而变成了慷慨的民主人士,他渴望无拘无束地享受并经常变换民主带给他的快感。这位废铁商的女儿则受到了一种形式更精巧、也更危险的民主之恶给予她的伤害,那些"杰出的年轻工人"遭受了同样的伤害,可怜的塔士隆就是这些工人的原型。引发他们兴趣的并不是金钱,而是语言与思想的财富。

这是民主之罪,也是书之罪,是民主与书的象征性的罪,是平民本性的改变。这个关于凶杀与岛屿的寓言故事把象征的罪转化成了实际的罪。正是这种对书的理念的字面化解释了这个叙事的怪诞性质。它解释了那样一种目光的凝视法(fixation)：这目光穿越剧情空间(l'espace diégétique)，以幻觉的方式凝视(se fixe)着犯罪的"原因"。它解释了小说家在连接空间与叙事、空间与凝视的目光(le regard fixe)时所遇到的困难，这目光所追求的是犯罪的几何学场所与司法调查的言述逻辑。在这里我们可以思考一下，允许他们拘捕塔士隆的那种关于形迹的逻辑，具有怎样一种怪诞的性质，他们所说的形迹主要指的是皮鞋的痕迹，还有一把埋在犯罪现场的钥匙。这把被找到的钥匙，使他们能够去寻找谁提供了铁，谁提供了锉刀，然后再回过头来寻找其皮鞋与现场痕迹相符的凶手。对于辨认凶手来说，这是一条相当奇怪的路径。而对于杀手来说，把钥匙埋起来而不是扔进水里，这是一个相当奇怪的念头。但是问题并不在于辨认凶手本人，而是辨认他所归属的阶层——铁器工(des hommes du fer)的阶层，进而，不是复现凶手为其罪行所做的准备工作，而是重建另一桩罪行——先于谋杀罪行存在的象征的罪行，正是这一罪行促使这个铁器工在他的工友沉醉于睡眠以恢复体力时穿着皮鞋去散步散了一个小时。简而言之，这一[犯罪]形迹穿越了剧情层面，穿越了叙事，从而直指凶杀的原因，直指民主的罪行，直指书的罪行，正是书使这个废铁商的女儿与这个瓷器工脱离了他们的命运。场所/地位(lieu)的逻辑吞噬了叙事的逻辑。寓言故事及其伦理的逻辑吞噬了虚构的逻辑。它将小说家固定在他的阳台上，在这个位置上，他观看并穿越了整个叙事，直到找到叙事的目的因。这个位置是教士的位置，是预见者的位置。只是这个教士，他观看，但他不作书写。小说家必须书写。他必须引领他的寓言故事走向寓言故事逻辑的终点。

但究竟什么是这一逻辑的终点？或者，用一个异曲同工的说法，是什么使得第三部分冗长不堪？对女主人公来说，光是补赎、改过和忏悔是不够的。狂热的想象带来的错乱无疑同样是可以补赎的。但重要的不是这些错乱。重要的是书的罪行，是书写的厄运。好的作品将永远不会满足于救正这种厄运。任何言语，哪怕教士的言语，都不能承担对它的救治。任何鲜活的言语都不足以救治书写的混乱。对书写之厄运的救治是另一种书写，是一种在词语之下或者词语之上的书写，它用另一种书写或流转模式对抗那些词语的饶舌与沉默。

这是《斐德罗篇》中的一个奇怪片段已经讲过的内容，这个片段紧随在发明者图提与国王塔穆斯的故事之后。斐德罗讽刺苏格拉底讲的这个埃及故事是不可稽考的。苏格拉底用一种古怪的论调回答说：你们不一样，你们这些年轻人，你们要求查证出处，以此彰显你们的聪明。我们的祖先，他们倾听着神的旨谕，而神是通过多多那(Donona)橡树间的风声表达自身的。他们不关心信息的来源，只要信息是真实的。斐德罗觉得，追问苏格拉底人们是如何从橡树间风声的信息认出真理的，并无什么裨益，倒显得自己更加无礼。实际上，这是另一种关于真理与书写的理念，它截然不同于沉默－饶舌的词语所作的漫游：这是一种未达至被书写之物(écrite)的书写，是——精神的——气流作为作为真理的呼吸被传递的通道。

但是"好的"书写同时也可能是超出于被书写之物的书写，这种书写不是被书写在纸莎草、羊皮或纸上，而是作为对感性世界的有效修正,被铭写于事物的纹理之中。在巴尔扎克的时代,这个超出被书写之物的书写的乌托邦在圣西门主义中得到了体现。圣西门主义者用新**书**(le Livre nouveau),用新共同体的**生活之书**(le Livre de Vie)来反对书写的"新教"(«protestant»)体制。这不再是那种用符号在纸上描画出来的书。那些纸上的符号把人们都变成了孤立的个人,并建立了民主政治的幻象。这种书是用真正的沟通所由以发生的道路勾勒出来的,是由真实地连接起众人、他们的事为(enterprises)与他们的思想的铁路与水路勾勒出来的。当圣西门主义者前往埃及,被吸引到这样一个梦想之中,要用运河连接起两片海域,米歇尔·希瓦利埃(Michel Chevalier)在这种切实的书写与神秘而模糊的政党意识形态之间作了一个对比,他说:"我们是在地图上标划出我们的论据的。"《行为之书》(«Livre des Actes»)讲述了工业宗教的使徒们去往埃及的旅程,它在两种书写之间作了一个具有典范意义的对比:一种是老的埃及教士的书写,他们把他们的思想隐藏在他们的符号之中;另一种是新的工程师教士的书写。这个文本说道:"在埃及,我们不会去辨读在它伟大的过去出现的象形文字。但我们将把标示着它未来繁荣的符号镌刻进它的土壤之中。"

　　工程师教士博内神父和他的助手、工科生杰拉尔(Gérard)在蒙泰涅克所实践的就是这同一种书写。巴尔扎克抱怨,出版商没有留时间让他去描写博内神父所做的教理问答。但博内神父有更好的事情要做。他另外有一种用来开发他教区土地的书写[方式]:这就是那些水流的线路,它们在蒙泰涅克的土壤里铭刻了"未来繁荣的符号"。这位天主教教士首先是一位具有圣西门主义风格的灵魂工程师,他借助于区域内的工业流水线改变躯体之间的共同体模式,并通过这一途径改变人的灵魂。与此相同,重要的不是韦萝妮克从事慈善或忏悔工作,而是她为一种书写放弃了另一种书写,为一种水流的轨道放弃了另一种水流的轨道。她说:"我已用那些无法抹除的管线在这块土地上留下了我的悔恨的标记。它被书写在肥沃的田野里,扩建的市镇中,从山区流向这块平原的溪水里,这块平原以前无人垦殖,一片荒芜,现在满地翠绿,物产丰富。"当然,这些无法抹除的管线,截然不同于可以抹除的文字,不同于书本－岛屿的那些可以抹除的文字。那种真正的赎救书的罪行的赎罪作品,是堤坝与水渠,它们为普通人家孩子分配了满足他们需要的东西。不是词语,不是温情与梦幻的词语。甚至也不是老修士教给韦萝妮克的、**已经过剩**的那些圣经(l'Ecriture Sainte)的言语。是的,不是词语,而是滋养了他们付出的劳动、肥沃了他们拥有的田地的水流。

将这样一番论证放置在书中,放置在小说里,很明显属于悖论的范围。我们能够理解巴尔扎克在完成他的书的过程中所遭遇的困难,能够理解面对这部完成了的作品他所怀有的不满。他告诉我们,这部书,"在戏剧层面上是完整的",而在道德层面上是残缺不全的。现代的读者也许更愿意倒过来思考,也就是说,这部书有太过充足的道德感,而由于它的相互矛盾的主题与可逆的叙述顺序,因此它有非常不完善的戏剧性。然而这两个判断可能是彼此重合的。因为,如果书不具有自我毁灭的性质,道德怎么会变得完善,而书又怎么会完成呢?如果这部道德性的书告诉我们的不是这样一些内容——道德性的书籍并不是为道德说教服务的,最好的言语本身就受困于书所具有的那种民主性的孤岛状态,只有另类的书写才能治愈书的疾病,这种书写通过刻写在共同的土地上的管线把人们联系在一起,——那又能是什么呢?

根据一种古老的图式,人们可能会说:在这里,小说家巴尔扎克和道德家巴尔扎克进入了矛盾状态,这种矛盾向我们展示了无论文学性事物是否愿意,它如何都与社会性事物紧密相连。然而这个结论可能有些太过简略。这座穿越了叙事的岛屿向我们指出,在政治与文学之间有一种更为深刻的矛盾,一种更为根本的关联。这个矛盾,或者更准确地说,这种联系延伸到极限,就是这样一种关联:它连接着文学和它的条件——文学性。巴尔扎克赋予了自己道德主义医生的职能和教士的目光,然而,只有建基于新的"文学"观念,把小说的虚构放置在同文学性书写的岛屿相对立的位置,这一职能、这一目光才是可能的。巴尔扎克的"道德"并不是一种属于反动偏见的事务,它与文学作品的自律性之间并没有矛盾。而正是这种自律性把作家放在了一个悖论的位置:他作为医生所治疗的是促生了其作品的疾病。"文学"是这样一种独特的权力,它建基于美文学(belles lettres)和旧诗学的没落,建基于再现法则的崩溃,而正是再现的法则决定了适合于某个主体的表达类型或表达样式。亚里士多德、贺拉斯和他们的追随者确定了这些再现的法则,以便使诗歌虚构作品的混乱合法化。但也许,在诗歌合法性的规范倒塌的地方,在书写的技艺被还原为书写自身的权力自动运行的地方,会遇到另一种混乱,会遇到文学性在共同体的事务、习惯与态度之间建立的更为深刻的无规则性。恰恰在文学试图将其绝对力量变成新贵族或新教士的原则的时刻,它发现,这种绝对化的艺术与文学性的民主式混乱有共同的属性。再说,新的文学贵族阶级的英雄是在为谁而书写呢?从本质上讲,是为那些**不应该**阅读的男男女女。[《乡村教士》]

这部小说讲述了一个女人的不幸，这个女人曾读过某一部小说——这个情节是这部小说中最有教益的一点，而这部小说是在廉价报纸专栏连载这种新的架构下发表的。

然而，小说的力量与小说阅读者的不幸这二者之间的关联，是一个更加古老的问题。这种绝对化了的文学，曾在浪漫主义名义下得到过思考，《堂吉诃德》被认为实际上是这种文学叙事的奠基者，这部具有典范意义的小说其主人公正是由于小说而变成了疯愚者(fou)。我们已看到，堂吉诃德的疯愚并不在于他把虚构当成了现实，而在于他把书看成是真理，拒绝把虚构封闭在一个适当的空间之中。这部书不可能被允许四处流传，"既对适合它与之交谈的人，也对不适合它与之交谈的人"交谈。文学本身是与虚构的这种去关联化(dé-liaison)联系在一起的，是与岛屿——它变成了世界——的疯愚(folie)联系在一起的。我们也已看到，塞万提斯的书为这一书的权力提供了一个典范的区分。作者让[小说]人物为书的读者承担疯愚的任务，交给自己的则是与这一任务相关的统制(maîtrise)的职责。

从书写者的权力与作为书写者人质的人物之间的这种起源性关联中，我们看到两个彼此分离的传统，它们界定了两种文学的理念。在艺术巧匠(virtuoso)的传统中，统制者与疯愚者之间的连带关系持续赋予前者以统制后者的权力。因此就锻造了一个魔法师般的书写者形象，他向我们展示制造幻象的设备，他调弄他的叙事和他的人物，把人物创造出来并把他们委弃在路上，差遣他们去冒险或将他们限制在一个秘密或谜团的结构中，使这一秘密的结构逃过读者的洞察，因为最终这一秘密就是秘密并不存在。这就是那个从斯特恩(Sterne)，中经让－保尔(Jean-Paul)、爱伦·坡(Poe)或亨利·詹姆斯(Henry James)的一些叙事,直到博尔赫斯(Borges)的传统。

但也存在着与这一传统相反的运动——《乡村教士》的寓言故事就是一个很好的例证,——在此运动中,书写者对抗着文学的统制同其必要但不可能的条件,即同民主式文学性之间的张力关系。要对抗文学的权力与文字的平庸性或文字的民主式漫游(errance)之间的连带关系,就要揭露书写者的统制,直到把它带入断裂的时刻。因此他就是一个把统制者作为人质来挟持的人质,他把统制者吸引至并监禁于书的岛屿之中,以至于给他自己的书带来了损害,或者说,他强迫统制者将其事业交付到那些为书写与民主的疾病做治疗的人手中:这些人是灵魂的工程师,他们把具有沟通与疏导功能的物质途径的网络等同于新的共同体,等同于关于生的法则、爱的法则的活生生的书。

然而,如我们所见,那些工程师或"地理学家",把共同体的意义书写在土壤中,把统制者的事业交付给他们,不单是一个道德问题。它还是一个诗学问题。这个充满风险的民主的时代,这个试图对民主加以规制的乌托邦的时代,同时也是这样一个时代:在古代诗学的遗址上,文学发现它的权力同它的孤独一样是无限的。亚里士多德的旧诗学把书写权力的赌注押在模式、规则或类型上,新诗学则与此完全相反,它试图把赌注押在精神的权力上:精神已把自身书写在事物之中,它必须通过同化于共同体的韵律而使自身获得完成。这种精神的权力已经运行在自然之中,它在岩石的褶皱和树木的纹理中书写着自身的历史。这种精神的权力已经运行在这种生活之中:它从最卑微的阶段开始不断地自我书写,不断地把自身象征化,并朝着它自身所拥有的书写与象征化的更高权力不断攀升。这种精神的权力已经运行在这个人类之中:这个人类的语-言已经是一首生动的诗,但是它用自己砍削出的石头、锻造出的物体与在土地上勾画出的线条所说出的语-言比词语的语-言更真实。

  文学的孤独生来就有新的诗歌共同体带着生命的运动伴和着它。文学权力与民主式文学性的相遇本身被环绕着新共同体的新书写这一命题:即被鲜活的关联注入活力的、作为鲜活的艺术作品而存在的共同体所拥有的共同呼吸及铁路与水道。凝定的目光悬停(suspendu)在岛屿上——我们可以有意识地超越巴尔扎克的思想,将这一情节看作是文学在两种可能的命运之间的悬念(suspense)。第一种命运是,文学同这种奠定了文学同时又毁灭了文学的文学性展开肉搏战。这是那种在福楼拜那里发现了其英雄的文学宗教的命运。这种宗教无法宣称艺术具有绝对的贵族性,除非通过虚构将自身同那些被笼罩在文字的疯愚之中的普通人——包法利夫人或布瓦尔与佩居谢(Bouvard et Pécuchet)——的命运结合起来。其绝对化的散文没有依其自身的样子被确立起来,除非在自身同伟大的世界散文——"愚蠢"之间形成对照与差异。文学的命运为结束同其抵押物的命运之间的肉搏战,把书写者囚禁在书的岛屿中,囚禁在抄写者的桌子上:在那里,他最大限度地控制着布瓦尔与佩居谢,唯一的代价是他自己要依附于他们。

  第二种命运是文学与新诗学之间的联姻,这种新诗学被刻写入这样一种连续性之中——从已经被刻写入石头的线条与土地的褶皱的诗直到共同体的交响曲:精神的气息,鲜活的艺术作品,同化于生活的诗。由此文学就被看作是共同体的诗——看作是开放向一切意义的言词、人民的歌或者**理念**的旋律——直到在象征主义的合唱与未来主义的机器联姻的时代它取消共同体的诗，直到最后它认同于沉默的电流或机器的歌唱——简言之，认同于灵魂工程师的诗。

关于此类灵魂工程师，或许，巴尔扎克用博内神父和博纳斯（Bénassis）医生创造了其最早的伟大形象。但是他作为小说家而不是观念学家（idéologue），也经历了这些形象迫使小说承受的那种奇异的扭曲。事实上，这些形象并没有救正小说的"不幸"，他们没有使文学权力摆脱侵蚀着文学权力的文学性，除非他们把文学带向它的另一个废止点。与关于岛屿的寓言故事相比，关于灵魂工程师的寓言故事使小说变得更为不可能了。这部《乡村教士》就是不可能完成的，它是19世纪现实主义心理小说那些"蹩脚"（«mal fichues»）情节的一个完美的实例，博尔赫斯曾拿这类小说来对比现代小说，从［亨利·詹姆斯的］《螺丝在拧紧》（*Tour d'écrou*）到［比奥伊·卡萨雷斯的］《莫雷尔的发明》（*L'invention de Morel*），它们的情节都非常完美。当然，《乡村教士》里有两个逻辑，一个是这个被讲述的故事［自身包含］的侦探逻辑，另一个是［作者］向我们指明犯罪原因的寓言逻辑，如果我们把它与巴尔扎克的同时代人爱伦·坡所说的科学相比较，这两个逻辑之间的关联是一条更加粗糙的线，在爱伦·坡那里，书写者在用侦探知识来安排他所要辨读的形迹时所具有的统制力就是科学。在《乡村教士》中，侦探的形迹、教士的目光、小说家的逻辑和道德家的意图彼此之间相互徒劳地竞逐，它们无法把邪恶之岛与拯救之坝的寓言故事变成一本独一无二的书，变成亚里士多德所说的那种拥有它自身的伟大感和完善度的书，虽然它们试图把整个故事的秘密变成一个唯一的秘密,并且这一秘密完全隐藏在故事的表面,或者说被书写者/稽查员还原成了他所编造的那些非常简单的条件。但也许,恰恰就是这个构思粗糙的叙事,在叙述的逻辑与寓言的逻辑之间扭曲变形的叙事,引导我们更确定地走向文学的本体(le propre),走向它没有秘密的秘密,这个秘密不是别的,就是它在书写的民主制疾病与超书写的乌托邦之间无休止的摇摆。

这样,当这本书的主线引导着它走向其寓言故事的完成与道德的胜利,我们就可以理解,巴尔扎克为什么要在主线上面不停地增添一些次要的情节。他在政治上"落后"只是因为他在文学上先进。此外,当这本书以这种方式,即以一切愚蠢的书写中最为愚蠢的形式——执达员催告书的形式到达它的终篇,当这个存在于文学的两种命运之间的悬念在这一环境中以同样的方式获得解决,我们可以思考,这种方式具有怎样的讽刺意味。

第三章
普鲁斯特：战争、真理、书

我们知道，普鲁斯特曾一再申明：他的书不是他的生活和他的时代的编年史，与之相反：这是一种建构（une construction），一种虚构（une fiction），它一切的一切都是为了阐示一个只有在结尾才能被言述的真理。我们也知道，促使这一真理迸发的那最后的情节——《盖尔芒特公爵夫人家的午后聚会》（« matinée chez la princesse de Guermantes »），是普鲁斯特最早撰拟的章节之一。但是《重现的时光》（*Le Temps retrouvé*）①抵达这一[真理的]启示，却先经历了一段漫长的迂回，着力于普鲁斯特在最初的计划中不可能预见的事件——1914年的战争。1914年，作者曾夸耀，他已对这部作品的[写作]计划作了精确的计算，但战争的现实却侵入到了这一"独断的"计划之中，怎样解释它的侵入呢？无疑，普鲁斯特为这个添加的部分找到了充分的理由：他对出版商说，他所以引入战争的情节，因为这是青年军官圣卢（Saint-Loup）为访问东锡埃尔（Doncières）的[小说]叙述者所讲授的战略课程的自然延

---

① 《重现的时光》为普鲁斯特《追忆似水年华》的第7卷，即最后一卷。——译注

伸。这场战争的现实将会自然而然地证实那些课程。然而,除了这些关于战略的实践性的劳作,他还添加了一种似乎完全不同的考虑。他补充说,与此同时,夏吕斯先生将从这座"如同卡尔帕乔(Carpaccio)笔下的城市一样充塞着士兵"①的巴黎找到他要的东西。

这番解释所用的措辞,不说是布下了一个谜团,也至少提出了一个难题。这些措辞所引以为据的是这样一种必要性:必须用活生生的现实来证实圣卢的战略理论。但小说所引入的场景并不是军事的场景。确实有一些关于战略的对话,进一步深入下去我们将看到它们所包含的悖论。但是,这本书大部分内容都在向我们呈现各种奇幻的场景,其高潮是在旅馆(la maison de passe)②那一章,休假的士兵忙碌于取悦两位钟爱阳刚之美的耽美者:英勇的军官圣卢和亲德国的夏吕斯(Charlus)。我们[在作品中]所能看到的士兵就是这家旅馆向我们展现的这些士兵。

如何解释这道裂隙:在它的一边是[叙述者]所宣称的目标,另一边是这个目标所引发的东西;一边是冥幻性的轰炸场景,另一边是虐淫癖的(sadomasochiste)荣耀或末日——似乎这不是《重现的时光》的开篇,而是《索多姆和戈摩尔》(Sodome et Gomorrhe)③

---

① "致加斯东·伽里玛(Gston Gallimard)的信,1916 年 5 月",《通信集》(Correspondance),第 15 卷,Paris:Gallimard,132.
② maison de passe 是一种按小时租住的低档旅馆,租住对象主要为妓女及其顾客。本书英译本直接将该词翻译为 brothel。这里从普鲁斯特小说中译本《追忆似水年华》第 7 卷(徐和瑾,周国强译,南京:译林出版社,2012)中的翻译,译为"旅馆"。——译注
③《索多姆和戈摩尔》是普鲁斯特《追寻逝去的时光》的第 4 卷。——译注

的结尾,同时还带着《庞贝城的末日》(*Derniers jours de Pompéi*)①的底色? 我们如何解释与此相伴生的另一道裂隙:一边是对具有民族气概的士兵的亵渎性再现,另一边是叙述者不断夸耀的爱国的信条? 美学问题与道德问题这两个问题会聚入一个探询活动,它追问:[在小说中]引入战争,并以这样的形式来处理战争的情节,真正的原因是什么? 显然,通过阿尔贝蒂娜(Albertine)一卷②,普鲁斯特将真理与错误的游戏引导向这样一个位置,在这里,真实状况的冲击可能会形成巨大的转折。为了不去谈论这个问题,普鲁斯特已给自己留了一个情节上的托辞:疗养院——他将他的主人公幽闭在那里多年。但普鲁斯特为什么又让他两次离开疗养院来吸纳这场对于主人公/叙述者的真理之路不再有所助益的战争呢? 我的假设如下:如果战争必须被谈论,并且必须以那种方式来谈论,那是因为战争不能为书的真理增添任何东西,相反,它可能会剥夺书的真理。因为它承载了另外一个真理的模式,这个模式与虚构式证明(la démonstration fictionnelle)的模式相互对立。这个反虚构的(contre-fictionnelle)真理必然会遭到战争之包含于书[这一关系]的反驳。将战争的现实包含于小说,就是将它包含于关于另一个"书的真理"的书,而书必须通过"书的真理"才能

---

① 《庞贝城的末日》(*The Last Days of Pompeii*)是英国小说家爱德华·布尔沃-李顿(Edward Bulwer-Lytton, 1803 – 1873)写于1834年的一部长篇小说。——译注
② 《追忆似水年华》的第6卷标题中的"女囚",指的即是阿尔贝蒂娜。——译注

确定自身。因此,锁在"物质的岩石(rocher de la matière)"①(在这一情节的末尾有对它的讨论)之上的精神,并不仅是夏吕斯的。它也是为夏吕斯所嘲讽的这场战争的。

这个另类的真理因而以特殊的方式与书的虚构式真理的路径交织在一起。实际上,虽然战争不在这部小说的计划之内,但它似乎捕获了这部小说的所有诗学元素。正如同埃尔斯蒂尔(Elstir)的艺术将陆地转化为海洋,又将海洋转化为陆地,宵禁的单调将一座大城市变成了满是弯曲小道的乡村,而在那些拉着警报的夜晚,飞机按照极具马拉美色彩的逻辑,在巨大的天空中勾画出理念的星座。从另一层面来看,战争概括了该书所阐明的社会世界的法则和爱的激情的法则,并把它们转化成了民族心理的法则。战争由此捕获了书的真理元素。但这是为了将它们重新安排到一个另类真理的形象中,从这一形象出发,这部小说的虚构式真理必须被重新夺回。小说必须发起一场属于它自身的对战争的战争,它必须发起一场书写的战争。

从战略知识到战争的真理

为把握这一原则,让我们回到在东锡埃尔的那些谈话,关于东锡埃尔,当叙述者回忆起他与圣卢的那些谈话时,他告诉我们:"在那里我曾想要达到某种真理。"那么这些谈话抽离出了什么样的真理呢?"那些极为微小的事件,都不过是一个理念的符号,而

---

① 在普鲁斯特的小说原文中本作 rocher de la pure matière,"纯物质的岩石",中译见《追忆似水年华》第 7 卷,徐和瑾、周国强译,南京:译林出版社,2012:146.——译注

这个理念必须经过抽离才能得到,它常常要像在隐迹纸上显现上那样从其他事物里重新获取。"①这个表述(formule)使我们回想起《重现的时光》指派给书写者的任务:解译那些如同许多理念和法则的符号一样的印象。战略似乎是符号科学的一个变体,甚至是一个范例,它使人能够在事件中、在躯体的展布(disposition des corps)中发现理念与法则。有一种军事符号学,它允许我们像一切优秀的物理学家那样,将混乱的故事转变为一个合理性的序列;它还允许我们像阅读一幅画那样阅读战地的展布(une disposition),辨别它的元素和逻辑:那些元素就是依据这一逻辑展现在那里,服从于传统、文本或别的一些必然性。军事符号学的学者不止有一个克劳塞维茨(Clausewitz),还有一个埃米尔-马勒(Émile Mâle)。这种符号学看起来像是一种关于事件解译的快乐的科学(science)。它也是比埃尔斯蒂尔的艺术更高级的艺术,在那里,快感开启了以智性的原理、以法则的知识为依据的表象的游戏。最终它是一种关于真理、关于谎言的知识,这种知识取得了这样一种快乐的客观性:它拒绝接受那些从爱欲的骗局中获得的知识。这种知识运用了躯体的某种方式所遵循的客观法则,尤其是欺瞒(la feinte)的法则,而通过这种方式,这些躯体能够展布自身以使其他躯体遭受痛苦。因此这种知识被证明是一种比叙

---

① 在译林版《追忆似水年华》中,该段译文为:"[哪怕是]最小的事件,[我认为]从里面都可以发现思想的蛛丝马迹,这些思想常常互相重叠,就像在隐迹纸上写的字一样。"(普鲁斯特:《追忆似水年华》,第3卷,潘丽珍,许渊冲译,南京:译林出版社,2012:99.) 鉴于朗西埃的论述需要,这里作了较大改动。——译注

述者在阿尔贝蒂娜的谎言中获得的知识更为高级的知识。毫无疑问,他在这位说谎者的眼神(regard)中感受到了云母(mica)的光泽,这些光泽揭穿了她的话语,改变了她的话语的意思。但是,云母的光泽指出了与真实的距离而没有提供通向真实的方向。唯一的"爱的法则"只是关于这一方式——人们自我建构其爱的对象的方式——的法则。它们是必然的错误所拥有的法则,而这些错误,只有通过痛苦来揭示而无法被预知。另一方面,还有关于生产谎言和痛苦的军事法则。在司汤达笔下,于连·索莱尔(Julien Sorel)按照拿破仑军事战略为自己所设计的爱情和社交战略,正好反衬出法布利斯(Fabrice)无力对滑铁卢战场所发生的一切做出一个理性的认知。拿破仑的战略模式为小说的人物和情节提供了一种可持续的观念。但它是通过分离自身的方式来形成支撑的。当战争发生的时候,战争巨大的剧场会将一些小城镇上战略家的精心谋划的动作都吞噬在它的无意义中。托尔斯泰曾经取法于此。他通过爱的无政府性与战争的无政府性的类比重写了拿破仑战争。《盖尔芒特家那边》和《女囚》的叙述者似乎按自己的方式将事情又颠倒了过来。他拒绝了人物-战略家这一小说模式,同时也注意到军事符号学的精算优越于爱情无政府性中的徒劳推理。

　　正是这份优越性应为战争所充分肯定。这也是圣卢面对叙述者的质疑时所断言的内容。但是他的说明非常可疑。叙述者问道,难道一个人可以预测战争的长度么?当然,圣卢回答。它不会太长。它已有征兆,因为作战计划的法则并没有预测到部队的换防。**在私下里**(*in petto*),叙述者忍不住给出另外一个完全不同的解释:如果法则并没有预见到给部队换防的必要性,也许这是非常愚蠢的,因为战略家并没有预见到这可能是一场持久战。老旧的拿破仑的佯攻战术是否依然在现代的总体战中被使用?当然,军官又回答道:兴登堡(Hindenberg)对东线的指挥是纯粹拿破仑式的。这一次,叙述者并没有出言评论,但我们可以替他评论:圣卢所谈论的是敌方所发动的战争,在俄国战线所发动的战争。他在东锡埃尔讲授的战略课程,无一与他亲身参与的战争相关,即法国对德战争。因为他们的战争看起来与战略实例相悖。后来,叙述者在同希尔贝特(Gilberte)的谈话中回顾说,圣卢已经开始察觉到这一点,"战争有一个方面的问题,我觉得,是他开始意识到了的,那就是它有人情味,看上去就像一种爱,或者一种恨,尽可以把它叙述得像一部小说,因此,如果有人唠唠叨叨说战略是一门科学,这对他理解战争毫无裨益,因为战争不是战略的,敌人不知道我们的计划,就爱我们不知道自己的女人所追逐的目标是什么一样,而且,也许连我们自己都不知道这些计划。"①这段话取消了所有战略科学相对于爱欲幻想所具有的优越性。或许战略是一种科学,但是它并非战争的理性。后者就像爱或恨那样地被体验着。它也必须按照知觉(la perception)和激情(la passion)的逻辑被描绘。必须像埃尔斯蒂尔描画大海那样描绘它,就是说,当那个大海呈现给我们的时候,好像它就是陆地,好像陆地就是大海。必须像陀思妥耶夫斯基讲述生活那样讲述它:那一生活里的人物最初是作为醉汉或者恶棍出现的,后来表明,他们是高度精神性、高度道德性的存在。

---

① 《追寻逝去的时间》(*Recherche*),III,982.(中译见普鲁斯特:《追忆似水年华》,第7卷,277.——译注)

因此,战争颠覆了它本应加以肯定的符号学的真理。战争不是战略性的。它和爱情一样都不那么显而易见。我们只能通过更正(rectifications)这种游戏来书写它,解除那种从车中看路人时所投射的爱欲的幻想。但是对符号学模式的颠覆并不止于此。这个"陀思妥耶夫斯基式"的论断在这里被以回溯的方式展现出来。实际上在展现战争片断的时候它就已经得到了展现。只是展现它的既不是叙述者,也不是圣卢。展现它的是夏吕斯这个失败主义者,这个亲德派。在当时,叙述者认为这完全是无稽之谈。他不明白夏吕斯怎么能够把德国敌人比作陀思妥耶夫斯基笔下暧昧不明的人物,"靠谎言和诡计不能预见到一颗善良的心,而德国人看来也没有表现出这种善心"①。

这是一个奇怪的推理:德国人的谎言当然不足以证明他们的善心。但是叙述者又如何得知他们在说谎?对此的回答就更加奇怪了:"我过去相信别人说的话,当听到德国、保加利亚[和希腊]依次申明自己的和平意愿时,我真想相信那些话。但是,自从同阿尔贝蒂娜和弗朗索瓦丝一起生活以来,我已习惯于猜测她们没有明言的想法和计划,所以我不让威廉二世、保加利亚的费迪南和希腊的康斯坦丁用任何冠冕堂皇的话来欺骗我的本能,我的本能可以猜到他们中任何一个策划的阴谋。"②

在战略科学的废墟之上,产生了一种新的、可靠的解释能力。只是这种能力是非常奇异的,为它提供支持的类比完全与之不相调和。因为这种与谎言交锋的习惯无法在一个正在恋爱的爱者

---

①前揭,776. (中译见《追忆似水年华》第7卷,84,这里略有调整. ——译注)
②前揭,770-771. (中译见《追忆似水年华》第7卷,79. ——译注)

那里造就一种可靠的本能,这种本能原本可以让他猜到他的恋爱对象正在"策划"的东西。阿尔贝蒂娜脸上突然涌上的红晕,或者她眼里一闪而过的光彩,充其量在有时候使他觉察到谎言,但并没有告诉他真实。原因很简单:由于爱者要想知道这种谎言的真实,被爱者——即说谎者——自己就必须知道它。因此她将采用战略家拿破仑的方式,后者部署最精锐的战士来掩盖这一事实:大量的军队已遣去其他地方战斗。不过,构成被爱者/说谎者[这一整体]的多重个体所形成的无序状态(l'anarchie,即无政府状态——译注)禁止了这样一种诡计的合理性。而"爱的谎言"不过是这种无序状态本身,事实上,阿尔贝蒂娜就是一种追寻着他人多重性的个体多重性。因而,不可能从这个谎言中推断出任何真理。相反,阿尔贝蒂娜所说的事实的真理绝不可能得到证明——除非借助她的逻辑关系的缺失,而她的思想的真理同样仍然无法确定。所以这一点非常奇怪:爱的教育竟能教给叙述者一种关于谎言之真理的可靠的知识。

但是,在从爱的经验推断战争经验时,有一件更奇怪的事情。因为爱的经验向主人公证明,被爱者总是在对我们说谎,说着一个永久不变的谎言,这不是一种性格特征,而是在被爱者个人的个性中被客观化了的幻想的一个零头。但是对这一恋爱的经验作政治的转化,则出现了相反的情况:被爱者从不说谎,敌人永远在说谎。从逻辑上讲,阿尔贝蒂娜或者弗朗索瓦丝的欺骗应首先使主人公怀疑爱人的言语,怀疑亲人的言语。他应该怀疑克里蒙梭(Clemenceau)或是庞加莱(Poincaré),或法国新闻界,然后才是威廉二世或保加利亚的费迪南。但是战争的逻辑是以选言(diojonctive)逻辑的方式展开的:首先存在着朋友和敌人,而出于同样

144 的理由,从相同的个人恋爱经验中所得出的理由,人们不能相信敌人,但人们不能不相信朋友。通过将朋友从敌人中分离出来,战争也将真理从谎言中区别出来。对阿尔贝蒂娜的爱使得主人公不能区别真理与谎言;从另一方面来说,对祖国的爱又使得他不能将祖国的观念与谎言的观念混同,将敌人的观念同真理的观念混同。质疑真理或者谎言的可能性仅存在于那些没有祖国的人,比如旁观者夏吕斯。只有他一个人可以固守真理的语文学模式,能够分析布里肖(Brichot)或者诺布瓦(Norpois)的言辞(propos),并找寻其中连贯或者不连贯的种种标记(indice),比较法国媒体与德国媒体的言述,并且作出结论,在拥有真理或者谬误的可能性上他们处于同等的地位。语文学家建立了一套检验语句(phrase)的程序,并把它投入使用。但是,叙述者对此提出了反对:语句的真实性不是语文学家的事物,而是行动者(acteur)的事物。语句的真实性并不在于叙述是否正确,而在于灵魂所给予躯体使之运动的那种力量。这是圣卢从**他的**战争中获得的真实教训,他这样转述给叙述者:"我承认,'别想溜'(passeront pas)或者'全拿下'(on les aura)这样的话不会令人高兴;这些话曾长期使我感到牙痛,就像'长毛兵'(poilu)①或其他话那样,当然使用比语法错误或风格错误更糟得词语来创作史诗会使人厌烦,这些词语就是自相矛盾、难以忍受的东西,是一种装模作样,一种我们极为厌恶的庸俗奢望……但是,如果你看到所有这些人,特别是那些老百姓、工人、小商人,看到他们没有觉察自己身上蕴藏的英雄

---

① 一战时法国士兵的俗称。——译注

主义……史诗是那样美,你会和我一样,感到词语已经无法表达。"①

从化成肉身的真理到书的真理

圣卢在这里给叙述者所上的,不仅是一节政治课,还是一节诗学课。实际上,他告诉他有两种史诗。一种是亚里士多德式的,它所用的词语必须是高贵的词语。其中最高贵的是 xenikon[异质]的词语,异质于日常语言的词语。亚里士多德的诗学也就是普鲁斯特的诗学:只有当隐喻的"异质"元素剥夺了日常使用的字眼,打破了惯常的表达方式,风格才可能产生。然而,战争毁掉了这种风格。在亚里士多德式的史诗被革除以后,代之而起的是另一种史诗,一种"白痴的"(idiotique)或"习语的"(idiomatique)史诗,它通过双重的征用来建构其表达的价值:一是征用诵讲史诗的躯体,一是征用这一躯体的行为,躯体用行为证实了语句从而完成了史诗的真理。这种史诗所用的表达都是诸如"毛子兵"(poilus)或"别想溜"这样的词语。"史诗"这个词不单是一个隐喻,指代集体成就的英雄主义。它还是一种诗歌类型。但这个类型的内涵在黑格尔时代其意义已经发生了改变了。正是黑格尔,界定了这种史诗所具有的新的、习语的性质。他说,史诗是**圣经**,是一个民族的生活之书。史诗是人民精神化成的﹣肉身(le devenir-chair)。在感性自我的确定性中,这种诗被开凿了出来,在对躯体、词语及织就了共同体的行为的征用中,在存在方式、活动方式与言说方式的一致中,它把人民建构成了人民。这种黑格尔主

---

① 前揭,752 – 753.(中译见《追忆似水年华》第 7 卷,61,略有调整.——译注)

义结合了某种柏拉图主义:最美的诗是活的共同体,在那里,理念成了躯体共同的运动。取代战略性知识(此后它不过是敌人的知识)的是活生生的诗作的真理,在那里名称相似于事物,躯体相似于描述它的名称,在那里,"全拿下""别想溜"变成了他们英雄主义的确切真理,变成了这种英雄主义的成果:敌人确实一个没跑过去。

因而,"激情的"战争是一种非常奇特的激情,激情本身就是全部的真理。它是一种真理模式的实现:为真理作证明的方式是将书页转化成活的、受难的肉身,把它从超坟墓的地方带向死亡与胜利。爱国主义史诗的真理是基督教的真理,是化成肉身的精神的真理。圣卢的战争——无论他为掩饰真正的欲望使用了多少幻象——是"真实的"(« en vérité »)战争,是每一个法国人的每一个细胞都一致同意的战争,是圣安德烈教堂(Saitn-Anderé-des-Champs)的法国人的战争——"庄园主、市民(bourgeois)与尊敬庄园主或反叛庄园主的农奴"①:这是一个家庭的两支,战争将他们编成两队,汇合到同一个抵抗的前线。战争的真理是化成肉身的言词的身份认同的真理(véréti identitaire)。如我们所记忆的,圣安德烈教堂是最典型的"法国"教堂,它与巴尔贝克(Balbec)②不同,巴尔贝克是"波斯"教堂,有一个异国的名字和一个骗人的外观,我们可以想象那时它曾经人流涌动,现在它毫不起眼地位于一个索道缆车的路口,旁边是一家台球厅和一家药店。从另一方面来看,圣安德烈教堂是一个没有隐喻的地方性教堂,是手艺人/

---

①前揭,739. (中译见《追忆似水年华》第7卷,49,有改动.——译注)
②普鲁斯特笔下虚构的庄园。——译注

普通人勒石写下的真理的教堂,他在门廊上雕上圣徒或者骑士头领,也雕上亚里士多德和维吉尔,关于这后二者,他们的著作他肯定一行都没有读过,但他通过一种别的方式认识了他们,即通过这样一种知识,它"不是从书本中得来的,而是直接来自古老的、在口头代代相传、世世接续的传说,原先的模样虽说已经难以辨认,但它始终具有活跃的生命力"①。简而言之,从学术标准的眼光来看,这个亚里士多德,这个维吉尔完全是想象出来的;而根据一种更为深刻的真理——活着的一代一代相互传承的真理,他们完全是真实的。这种被中世纪手艺人刻于石上的真理是仍然活着的真理,它活在顽劣的小西奥多小心抬起莱奥内姨妈的头所用的那种天使般的方式中,活在弗朗索瓦丝用他的方式所构想的[17]89原则中,甚至活在平民莫雷尔的丑行中。这个活的真理,被写在石头上的活的真理,走下门廊,变成了化成肉身的精神,变成了活的灵魂与共同体实际的诗。

因此,不同于人流涌动的波斯教堂给人的幻觉,伟大的人类潮流的真理从圣安德烈教堂的门廊上落下,为的是表达石头中活的灵魂。夏吕斯或者维尔德兰夫人可以取笑诺布瓦和布里肖文章里的这种巴雷斯风格的真理。然而,这正是精神的真理,流转于石头与肉身之间的真理。这是法兰西-行动者(l'acteur-France)的真理,是民族-个体(l'individu-nation)的真理,而不同于没有美国的夏吕斯,这里的叙述者无法将自身从民族-个体中分离出来。他告诉我们,他只能像"法兰西躯体的一个细胞""法

---

①前揭,I,151.(中译见《追忆似水年华》第 1 卷,李恒基,徐继曾译,南京:译林出版社,2012:152.——译注)

兰西-行动者的一个部分"那样作出反应,他补充说,就像"我在同阿尔贝蒂娜争吵时,我忧郁的目光或我透不过气来的喉咙是我个人的一部分,我个人则与我的事业休戚相关:我无法漠不关心"①。这里可以再一次可发现,以爱情作类比是靠不住的。在现实中,主人公对于法兰西-行动者的依恋完全不同于他对阿尔贝蒂娜这个人的依恋,完全不同于那唯一能够平息阿尔贝蒂娜的谎言所带来的痛苦的东西:相对于阿尔贝蒂娜的言语和眼神所泄露的谎言,她的出现和她的脸颊是她所提供的安慰。这种痛苦,这种安慰都是个性(l'individuation)的诱惑本身。相反,成为法兰西-行动者的一部分,在这个意义上,就是去找到一个经济的办法去解决对阿尔贝蒂娜的爱所揭示的问题:即我们所说的个体(individu),我们想要拥有的这样一个个体所包含的那种个体间的不可调和的多样性。

战争因此变成了正面的、无可争辩的真理,而整部小说向我们展现这一真理时,把它看成一种不可能性,看成一切痛苦的根源,看成一种固执的决定:它希望个人(l'individuel)把自己肉身化于众人(personnes),人类盲目的确信把自身转化为个体与个体之间(l'individu à l'invidu)愉快的关系。《在斯万家那边》的叙述者告诉我们,这一固执的决定连接着一种起源性的特殊关系:母亲的亲吻,这是一个确定的瞬间,在那时,人类的姿态成了唯一者与唯一者之间(l'unique à l'unique)亲密无间的关系。叙述者向我们展示了这种依恋所意指的内容,也就是与文学对立的原罪所意指的内容:即孩子为要求母亲在场,给他安慰的吻而写的书信/文字

---

①前揭,774.(中译见《追忆似水年华》第7卷,82.——译注)

(lettre);从而也就是,孩子为了压抑书信/文字,为了平息书写的距离所造成的不安而写的信/文字。这个青年男子[即叙述者——译注]向阿尔贝蒂娜——从巴尔贝克海滩上踏浪而来的海洋女神——所求的是同一个吻,他用这个吻替代人类为个体与个体的交流所造成的器官的缺失。

战争的真理是母亲的真理——反真理,是反文学的亲密交流的诱惑。它所发扬的东西可以通过其他文本来阐明:

> 也许人们认为我们已经失落了这种才能。中世纪人们所具有的天才雕出了满怀怜悯的贞女像,用以缅怀圣母立于十字架下所受的苦痛。但请拿起这封在运送伤员的火车行李箱中找到的信。拿起来,读一读,你就会知道,即便野蛮的入侵者毁掉了兰斯(Reims)和我们乡下教堂里的艺术品,那些能够鼓舞他们的东西仍不会枯竭。在法兰西妇女的胸中仍存有一笔财富——虔敬,这是我们的先民曾鼓呼并置于教堂的石刻之中的同一个灵魂。我们虽曾变得盲目,但是古老的法兰西之美从暗影中腾起而来到我们面前,战争的伟大时刻,那些警钟、凯歌使我们复活,带我们回到活生生的自然,回到我们民族的深刻的真理中。
>
> 听一听法国母亲给她的儿子写了些什么。不是一个,而是所有的母亲,每一个都用的是她自己的方式。这是一封从重伤士兵的手中遗落的信,他本人已无从找到……我对于稀有和珍贵的纸张有一种喜好,认为这能使我们更近于伟大的心灵。如果能够换到[高乃依]《熙

> 德》(*Cid*)的初版本,或者拉辛送给圣西尔(Saint-Cyr)女孩的签名本《以斯帖》(*Esther*),我还有什么不能放弃的。但这是一封不识字的妇女所写的信,那种小学作业本那种信纸,满是污渍,却超越了最为华美的艺术遗迹,我一遍遍的读它,誊写下来,我带着宗教般的敬意将它折好。就在这阴影中我看到了我们民族的天分的源泉,自先民而今奔流了几个世纪。①

149   上面是巴雷斯所写,而非普鲁斯特。但在这里我们难道不会想起福楼拜的巨大的恐惧:只要有一点点偏离,我就写成了保罗-德-柯克(Paul de Kock)。精神从中世纪的雕塑下降到了法国母子的活的现实,只要在这一主题上有一点点偏离,普鲁斯特就将写成巴雷斯:那不仅是坏文学,而且是反文学,是为了反书(l'antilivre)的真理而对书的真理的放弃,是被给予的躯体为补偿书写的痛苦而提出的母亲的真理。无需花太多力气,就可以将那个等待和获得吻的原始场景同圣安德烈教堂雕塑的初始景象结合起来,可以从这一起源中牵引出一条直线并让这条线终止于民族史诗,终止于活的真理[所形成]的书,这是母性的大地所负载的真理,现在变成了共同体诗歌的精神。然而,这部小说是一部反史诗。根据黑格尔的说法,小说是资产阶级现代性的"史诗",——必须准确地理解他这句话。小说不是新的史诗,而是反史诗。它完成了书的现代统治,将书的基督教真理悬置了起来,

---

① 莫里斯-巴雷斯(Maurice Barrès):《法兰西母亲的心》(« Le cœur des femmes de France »),《战争编年史》(*Chronique de la grande guerre*),151.

将那种为了给书作证明而化成了肉身的精神的真理悬置了起来。如果小说以及与之相伴的文学,曾以堂吉诃德为主人公,那是因为他的小说恰恰就是对那一[基督教]真理的背弃,因为他的教诲是这样的:任何臣服于苦难与嘲笑的躯体都无法证实任何一本书的真理。如果文学这样存在,那么这种文学的存在就来自于那种知识,来自于言词没有化成肉身的知识。与此同时,它的存在还来自于对这些准身体的发明,来自于这些虚构的机制(dispositifs),这些机制将它们的真理构建成了关于这种背弃的真理。巴雷斯的奥古斯丁式的"拿起来,读"就是这一真理后撤的道路。通过母亲式的幻想,文学被引回到拒绝了它的东西和它所拒绝的东西,被引回到化成了肉身精神的书的真理;通过十字架上的牺牲而被呈现出来的精神的循环,变成了石头的精神,母亲的精神,变成了在母亲的吻、石头的光泽及它们在集体史诗中的融合这三者之间循环的精神。这就是威胁着书的"书的终结":是被化成肉身的真理取代了的虚构的真理;是"精神"的胜利,这种精神通过象征主义,将自身规定为所有作品的真理,与此相反,作品所构建的虚构的真理引导着一场秘密的战斗:即,战争变成了一场关于真理的公开的战争。

正是在这里出现了旅馆,它一点不适合说明某种战略理论,正是在这里出现了絮比安(Jupien)的屋子,在那里,仅仅为了几枚铜板,民族史诗的战士们就服务于英雄圣卢的乐趣与失败主义者夏吕斯的性虐(sadomasochiste)仪式,直到整个事情结束于地铁的地下墓穴,在那里神迹和亵渎都得到了实现:身体直接融合,不再要求任何准备程序。叙述者有真诚的爱国信条,普鲁斯特个人也有,书的虚构的构造将这一信条与激进的亵渎、与那种"困于纯粹物质的岩石"的精神进行了对比。在民族史诗的士兵躯体中化为肉身的真理随后变成了性虐机制中的一个纯粹的暴力学习的场景。这不仅是因为与野蛮人斗争的英雄主义已经转变为一个失去祖国的男人为了荒淫的快感而进行的有报酬的服务。首先,战争的活生生的真理已被返还到一种幻象的状态:返还到叙述者在《在斯万家那边》中恰当描述过的关于范德伊小姐(Mademoiselle Vienteuil)的幻象。他解释到,施虐狂(sadiste)是**恶**(Mal)的艺术家,他在这个特定的,使**恶**如是存在着的谎言中耗尽了自己,因为他相信,**恶**本身就能够带来快感。

简而言之,对民族英雄主义的亵渎是对这个真理体制(régime)的亵渎:在这个体制中,英雄主义呈现为**精神**的胜利和**书**的终结(fin du Livre)。将民族的牺牲亵渎(profané)为性虐的谎言,这也是基督躯体被亵渎的真理:基督牺牲躯体是为了完成**生活之书**(Livre de Vie)的真理。在关于地下墓穴和原始仪式的那一章节中,他们离开絮比安家后放纵自身,这一章节似乎像《约翰福音》的第二个结尾,是为那些不能理解要义的人特意补充的。

在絮比安家,夏吕斯受到了伤害,一种与巴雷斯的抒情造成的伤害不同类型的伤害。而且,不仅是夏吕斯,受到这种伤害的还有圣卢。叙述者并没有向我们描述他在那里获得的快感。但是无论如何我们都理解,那里必然有直接的——或被认为是直接的——欲望的满足,这才能支撑这部"关于同性恋者的充满激情的小说",在叙述者的眼中,这正是战争的本相。这部"充满激情的小说"是被升华为单纯梦想的欲望,它梦想着成为中世纪骑士,梦想着获得男性的友谊,梦想着和塞内加尔士兵一起在野外度过的纯洁夜晚,梦想着能激发男性狂热爱恋的英雄的死亡。在普鲁斯特能够将斯万家的路与古尔芒特家的路通过维尔德兰/古尔芒特沙龙连接在一起之前,英雄主义者圣卢和失败主义者夏吕斯肯定已经在旅馆中会合了。特别要问的是:为什么是他们?这是因为,现在,斯万已经死了,只剩下这两个形象来阻止虚构的真理,阻止艺术的真理,这就是说,阻止美学的谎言,艺术真理的谎言,被简化为生活之自然性的艺术的谎言。这两个形象必定被消灭。这份对于唯美主义——植根于同性恋者关于其欲望的谎言中——的清算是战争这一章节必须承载的内容。絮比安家中那一章节证明了同一个幻象的两个互相矛盾的形式之间精确的同一性。这个仪式证明,在夏吕斯和圣卢——圣卢在那里具有象征意味地遗失了他的十字勋章——的躯体之上,被大地的灵魂、母亲的灵魂和石头的灵魂注入活力的爱国者躯体的真理,完全等同于"关于同性恋者的充满激情小说",二者都源自于同一种与文学相反的原罪,源自于这样一种幻象:一方面,艺术在生活之中,艺术创作是为生活服务的,另一方面,生活的目的在于模仿艺术:后者就是艺术爱好者斯万的幻象,他将范德伊的奏鸣曲看作是他的爱情的"民族赞美诗",从奥黛特(Odette)的形象上他发现了乔尔乔内(Giorgione)和波提切利(Botticelli)所画的面孔;这也是贵族夏吕斯的幻想,他把诗寄托在世俗之徒的谈话与姿态中,或者在蒙莫朗西(Montmorency)夫人的服饰中。在集体灵魂为之注入活力的躯体所拥有的活的真理背后,我们必须认识另一种"活的真理,"另一个与艺术相反的谎言,人们可以用波德莱尔所用的那个名词来称呼它,叫它"纨绔主义"(la dandysme)。英勇的"长毛兵"、世俗的纨绔子弟(dandy)、恶的施虐狂的艺术家以及渴望母亲的吻的孩子,都因同一个谎言而联系在一起。必须把下列东西都联结起来,也就是说,不但把它们连接在一起,而且要钉牢在柱子上,钉牢在"纯粹物质"的岩石上:所有这些不同形式的"精神",所有这些真理/生活的形象,也就是反文学的谎言的形象:**言**(Verbe)的化身/牺牲,上帝之子;那个等待母亲以吻作为奖赏的孩子的信;把他本人及其生活作为艺术作品来雕刻与撰写的纨绔子弟的言词;有良好愿望的士兵的民族史诗。战争的"新"的真理浓缩了所有这些真理,所有这些谎言。虚构的真理必须用清晰可读的叙事,把这串说谎的真理链接起来,建造一座拱廊来连通开头和结尾,把它建造起来以反对战争所要提供的终极真理。这部具有民族能量的小说把自身规定为关于贡布雷(Combray)印象的真理,属于弗朗索瓦丝(Françoise)和园丁的法国的真理,属于鲁森维尔(Roussainville)城堡里的小孩和圣安德烈教堂门廊上的天使的法国的真理。若取消这座拱廊,爱国者马塞尔·普鲁斯特可能会完全同意,但书写者普鲁斯特一定会另外建构一座拱廊,一端连着那个渴望母亲亲吻的孩子所睡的那张痛苦与快乐的床,另一端连着絮比安家里14B房间内那张快乐与痛楚的床。

现在我们或许能够用另外一种眼光去看这几行著名的文字,它开启了盖尔芒特公爵府里的这个启示的片断:"有时,恰恰就在我们感到山穷水尽的时候,一线生机豁然出现:我们敲遍一扇扇并不通往任何地方的门扉,唯一可以进身的那扇门,找上一百年可能都徒劳无功,却被我们无意间撞上,打开了。"①这是一件令人烦恼的事情,那些门打开了,但是我们并不希望它们打开,它们能在最初的时刻被打开,在最后的时刻它们同样能够被打开。模糊

---

①前揭,866.《追忆似水年华》第7卷,171.——译注

的回忆已得到了理解,通向它的这扇门本来可能在书的开始几页就被打开——作者已经有了关于其顿悟的完整目录——那么在这样一个时刻,就不会有这样一本书,就不会有这样的对真理的虚构式证明。因此,难题并不在于去敲所有的门以便机运打开阿里巴巴的山洞,打开这迷狂性的真理的领域。难题在于一劳永逸的关上那扇善好的门,那扇门必须被关上以便"机运"打开另一扇,这一扇属于化成了血和肉的真理的门。那一千零一个交织着炮火的虹霓与渎圣的狂欢的战争的夜晚,就是为这一目的服务的。这本书的计划不可能预见到这场战争,然而正是这场战争使文学有了一个机会直面它所否定的那个总体形象,从而有机会去做也许小说永远都不会努力去做的事情:关上那扇善好的门。

第三编

哲学家的文学

La littérature des philosophes

第一章
阿尔都塞、堂吉诃德与文本的舞台

在人类文化史上，我们的时代可能有一天会表现为这样的时代，它的标志就是人们作出最具戏剧性的、最艰苦的尝试，去发现并领会最"简单的"生存行为如"看、听、说、读"的含义。这些行为使人们和他们的作品发生关系，并和那些在他们自己喉咙里打转却还未说出来的作品即他们"作品的不在场"发生关系。

这几行确定了整整一代人任务的文字，来自《阅读〈资本论〉》的序言。对作品、作品的不在场以及阿尔都塞在夜间快速急促地写下的那些伟大文本之间所具有的戏剧性关系，今天的读者可能尤其会感到一种内心的共鸣。阿尔都塞不停地写着，仿佛要逃避"作品的不在场"这个黑夜——说得更平凡一点，这个黑夜叫作疯狂。然而，这儿让我们感兴趣的与其说是昨日的方案或今日可追踪的症候，毋宁说是在作品和作品的不在场的边界上形成某种阅读观念的方式。因此，我将考察支撑着阿尔都塞整个事业的阅读观念，考察这种阅读观念赋予"书本"的身份，考察文本与文本的外部之间、书写与书写所建立的政治之间的关系的戏剧。

阿尔都塞的阅读政治给自己树立了一个优先的敌手："阅读的宗教神话"：这是一种关于书本的神话，真理在书本中以神之显现或基督再临的形式显出自己的肉身，在书本中写下来的话语通过它的在场的显而易见性，表现了意义的透明性，表现了亲自到场的意义的透明性，它正如敞开的天空和打开的书本，一眼就能看见。这一宗教阅读的英雄是黑格尔，他一眼就从存在中读出了本质，从耶稣受难的黑暗本身中读出了耶稣复活（亲自到场的活的精神）之荣光。对于阿尔都塞来说，意义在书写之中直接在场这一宗教/思辨的神话，秘密地支撑着幼稚的经验主义，正是这一经验主义将书本的词语与科学的概念等同起来，又将科学的概念与我们所掌握的对象等同起来。

阿尔都塞以及和他一起的整整一代人，以某种方式拒绝了宗教性阅读，拒绝了自我现身的、一眼就能看出其意义的真理。对于他们的方式（这一方式在某种程度上相当便捷），有许多东西可说。因为甚至基督教之书也不是简单就可以被化约为真理之躯的显现。那一完成复归的躯体，正是从离开十字架到打开空的坟墓这段时间内消失的躯体。如果说有书，如果说这本书会沿着自己的道路无休止地返回，在以言成肉身确证**经文**与以**经文**确证言成肉身之间无所适从，那是因为这本书从来就没有在场。事实上，我们永远无法读到阿尔都塞在黑格尔那里看到的东西，"从存在中一眼就直接读出本质"。我们可以把这本容易打开的书的形象，与圣奥古斯丁在《忏悔录》第十三卷中告诉我们的天空般的书的形象进行对照，后一本书只是将其模糊的一面展示给我们。可读的一面被翻转了，朝向了**圣父**与天使一边。因此，它悖论性地转向唯一无需阅读的那本**书**：圣父是言语的起源，而天使可以从圣父的脸上就读出教诲。

由此我们可以明显地看到将**书**的宗教方便地等同于**书**中基督再临所带来的好处:通过从一开始就将宗教思辨与幼稚的经验主义联结在一起,来确保整个等同的系列,由此聪明地把经济主义与人道主义、机会主义者与左派分子以及所有对称性地打上原罪烙印的邪恶对子罗列在一起。这一便捷性所付出的代价,就是为所有独特的"无神论"打开了大门,这些无神论会利用各种反-神来反对"阅读的宗教神话"。那些借来的反-神话,大量地潜伏在其他的宗教材料和宗教言说——比如神学大全、否定神学、帕斯卡的苇草,等等——当中。因此,在阿尔都塞那里的这种等同,使得他可以**反过来**(*a contrario*)不必费力地就宣布那个不在场的重新降临的奇特形象是有效的,即宣布某种阅读方式是有效的:在这种阅读方式中,不在场会通过在场而公开地呈现自身。

固着于"宗教的神话",产生了一种直接的效果:它确保了对于**圣经**的某种神话化,它错误地把作为统一体的书本、作为物的书本和书本的意义变成显而易见的事情。比如,让我们来读一读《阅读〈资本论〉》卷首的声明:"总有一天,我们要一个字一个字地阅读《资本论》——阅读整个文本,阅读那四卷**书**,一行一行地阅读……"但是这么做之前,我们必须先确保有这么一本书,《资本论》;确信马克思写过这么一本书,写成了四卷**书**。是否存在这样一本书? 迪茨出版社(*Dietz Verlag*)的权威版并没有做出保证。"**资本论第四卷**"这一措辞仅仅以副标题的形式被写在《剩余价值论》的括号里面。如果这本书存在,它最后一句话是什么呢? 如果我信任这个版本——如果我们去除那些附录部分——《资本论》就是结束于以下语句:"由此,我们已经讨论完了琼斯。"马克思讨论完了琼斯?但是我们读完了这本**书**么?阿尔都塞一开始对这本伟大的**书**的提及,难道没有让我们处于对一般之书的奇怪确信中吗?对书写的连续性的统一、对其同一性的确信,又将同时允许人们玩弄一种常规的游戏:即在书本与文本之间,在文本与作品之间,在文本的声音、书本的作者和作品的主体之间,玩弄置换、变形与滑动的游戏——这些做法有的会明说出来,有的没有明说出来,有的受到控制,有的没有受到控制。

从一种失察到另一种失察

让我们来看看在阿尔都塞的实践——即对马克思(这位古典经济学家的读者)的阅读——中起作用的这种游戏。我们尤其要通过阿尔都塞在《阅读〈资本论〉》的序言中视为症候阅读核心的"失察"理论,来进行我们的观察。我要先简单地概括一下阿尔都塞的分析,然后再来看看他自己的一个奇怪的失察。

阿尔都塞在马克思那里区分出对古典政治经济学的两种阅读。在第一种阅读中,马克思通过自己的理论"栏栅"来阅读斯密。他盘点了自己的前辈所看见的或未看见的、所掌握的或未掌握的东西,指出了这位前辈所犯下的失察:他没有看见本该在资本主义生产组织中看见的东西。因此,这一失察只是没有看见可见领域中在场的事物——之所以说那是可见领域中在场的事物,是因为马克思看见了。

第二种阅读指向一种内在于经济学家文本的失察:不再是看不见可见对象领域之中的东西,而是看不见他们自己所生产的概念。古典经济学家没有看见,当他们寻找**劳动的价格**,当他们把**劳动的价格**等同于维持与再生产劳动者所必需的生活资料的价值时，他们实际上发现了某种自己没有看见的东西：**劳动力的价值**。而他们之所以看不见，是因为他们没有去寻找。

假如是这样，那么失察就不再是"近视"的问题，它不再是一种个人的缺点。它是这个可见场域自身固有的特性。"劳动力的价值"及其补充物"剩余价值"，不仅仅是古典经济学不知道如何去看的某种东西，它们还指出了古典经济学**固有的不可见性**，指出了内在于它的**看**的结构的对看的禁止和看见的不可能性。古典经济学所能看见的，是对自己的问题（即"劳动的价值"问题）的回答。而它实际上生产出来的，是对另一个问题（即"劳动力的价值"问题）的回答。它无法看见这一回答，是因为他回答的是一个它没有提出的问题——这个场域的结构本身禁止它提出这一问题。这种"关系"在经济学家的文本中生产出一种不一致："劳动"在这里代表了另外的东西，一种它通过偷偷摸摸地在**劳动**的**价值**和**劳动者**再生产所必需的资料之间变换主项，所隐藏了然而又让我们看见它在隐藏的东西。

对于阿尔都塞来说，马克思第二种阅读的工作，就是让人们看见这一不可见/可见，并通过生产出政治经济学并不知道自己正在回答的问题，来生产关于这一可见/不可见的概念。对古典经济学潜在文本的这种生产，是一种新概念的生产，即通过占领经济学不知不觉地滑过的领地，而生产出一种新知识。在关于阅读的理论与关于知识的理论之间存在一种本质性的联系。与近视的阅读相对应的，是把知识当作从视觉的现实中对对象的看和提取的经验主义理论。与症候阅读相对应的，是一种把知识当作生产的观念。在别的地方，阿尔都塞将这种生产理论化为借助工具来加工原材料。相反，在这儿，他依据词源学来分析生产：*producere*，即引向前台,使潜在的东西变成显在的。马克思就这样通过使(对于古典经济学用自己的工具所生产的东西来说也算是)盲目的东西变成显在的东西,而生产出"劳动力"的概念。——即使这证明他自己也无法使他所生产的"生产"概念变成显在的。

我想在一两种阅读操作及其含义上稍作停留,因为正是它们使阿尔都塞的"生产"理论成为可能。对他来说,区别出马克思对政治经济学家第二种读法的是这样一种方式:其中,"正确的"回答已经在经济学家的文本中出现了,它是通过指向它所缺乏的问题而现身的,它显露为一种有意为之的裂隙,这条裂隙由两组围住空白的括号标记了出来,它标记了正确的回答和空缺的概念的位置:"劳动( )的价值等于维持和再生产劳动( )所必需的生活资料的价值。"

通过让我们看见这些空白,马克思让我们看见,古典政治经济学文本本身告诉我们它在保持缄默。因此,阿尔都塞的上述证明,暗示出对于心理分析理论非常特殊的运用。在这里,空缺的能指的恢复等同于"知识的生产":这是发生在科学中的事件,一次认识论断裂。为此,**看见**与**没看见**的关系必须具体化为**回答**与**无问题**的关系,而这种**无问题**是"古典经济学"所固有的。阿尔都塞在某种悖论性的去主体化的核心处使能指与主体之间的关系发挥功能,这种去主体化有着一个明确的目的:它使显在与隐在的关系看上去就像是回答与无问题之间的关系。它用**说出的事物**填满这个领域,让这个领域成了问题很少但对问题的回答却不断激增的领域。因此,知识的领域被结构为问题与回答的编织物,这些问题与回答并不相互对应,可它们之间的不相适合本身又是相适合的保证:它储备了大量对错误问题的回答,等待着正确问题的提出。

这一结构是如何构成的呢？为何非要构成这个结构呢？阿尔都塞对这一双重问题的回答，表现了一种独特的失察形式，一种奇怪的错位①形式：这个错位就是阿尔都塞在他的文本安排中展示给我们的东西与他就此安排告诉我们的东西之间存在的错位。让我们回到这句话："劳动（　）的价值等于维持和再生产劳动（　）所必需的生活资料的价值。"我们看到的是括号之间的空白。然而阿尔都塞坚持用另一个名称来指称这些空白：他谓之虚线。"如果把虚线——我们这儿的空白——删除，我们就重新构成了一个句子，从字面上说，这个句子本身指明了那些空位置，同时把那些虚线恢复成了的空缺的席位——那是由完整的陈述本身所生产出来的空缺。"

这个句子在两方面看来都是奇怪的。怎么能够删除那些并没有被呈现的虚线呢？而它们没有被呈现，又是出于何种理由呢？我要从自己的角度来回答：这些虚线之所以没有被呈现出来，是因为它们是不可呈现的。我们事实上知道这些虚线或省略号属于哪一类书上的东西：小学教学课本。在小学教学课本里，虚线代表着空缺的词语，即学生必须在不完整的句子中恢复的那些词语。这些呼唤正确回答的虚线，本身代替了另一种知识程序：即回答老师问题的程序。它们出现在这里，是为了核实学生听懂了老师的课，知道了如何应用他所教授的内容。这是一种比提问更优雅的教学程序。教师以隐藏在空缺的虚线中的方式，最

---

① "错位"原文为"décalage"，也即（时间、空间或逻辑上的）"挪动、差距、不一致"。——译注

后完成了自己的工作。教师之所以能够隐藏于虚线之中,当然是因为他知道所有的问题与所有的回答。因此,他可以让词语不在场,那个将会被找到的词透露出:教育者知道,而学生们将会知道。严格来说,虚线是教师以自己不在场的方式在场;它们是一些保证,既确保了书里的陈述是同质性的,又确保了这些陈述的各个部分被安排得符合问题与回答、规则与应用的互补性。

这就是上述"虚线"所指明的东西:这种问题与回答的结构,既发挥着作用,同时却又不在场。但这是一种加倍的不在场,当阿尔都塞把用括号括起来的那些空白的洁白无瑕呈现给我们时,它自己也变得不在场了,代替了依旧能勾勒出教师轮廓的虚线。括号就是被否认的虚线,就是被两次否认了的教师形象。这个教师将寻常的教学训练改造为不寻常的学术训练。实质上,虚线寻常所呼唤的只是一个词:一个老师知道而学生刚刚学会的词,一个适合于补完某个句子的词,而这个句子的意义则无非是为这些虚线提供足够的空间。然而,括号之间的空白所呼唤的是另外的东西,不再是一个词,而是一个概念:即某一陈述要成为"科学的"就不可缺少的概念,简言之,即概念的空缺或其不可见性。如果虚线的本义在于指明一种不在场,那么括号的本义就在于容纳,在于标记出一种从属关系。括号容纳了不在场,使它从属于自己在其中起作用的那个陈述,使它成为那个陈述本身的不在场。括号占有了由被删除的虚线所生产出来的不在场。更确切地说,括号使那个不在场像基督一样再次降临(parousia)。它们的弧线勾勒出那个实际的不在场的"圣杯",它给出了文本自己不可见的东西,把空缺的词语转换为空缺的概念。因此,教学训练和教学共同体所特有的问题/回答结构被转换了本质,它被转换为科学训练和科学共同体所特有的问题/回答结构。

那么,阿尔都塞对那些表示"不在场"的标记所进行的操作,目的何在呢？为的是让我们相信,马克思的确创造了一种科学。但是如果这么做的话,那就不得不将书写的领地与知识的领地等同起来。这样做,就把所有被写下的东西纳入一种知识结构,在这个结构中,被写下的就是已知的或有待知晓的问题或者回答。教育者及其虚线消失在括号标出的空白之中,这首先确保了,人们可以回答尚未提出的问题,其次,这也确保了,错误的永远只有这个做法。文本的缺陷、一般意义上的错误,永远只是对一个悬而未决的问题的不合适的回答。一般的进步教育观将错误等同于尚未得到回答的问题。阿尔都塞颠倒的/否认的教育观,则在尚未找到自己问题的回答身上,看到了错误。悬而未决只不过是问题的悬而未决——在某封信悬而未决的意义上来说的——是问题的有待到来。而这种悬而未决总是可以终止的。因此,阿尔都塞告诉我们,如果非常仔细地阅读马克思,总会在另外的地方发现问题——这是一些正确的问题,是对那些错误的问题的回答。

将关于阅读的理论与关于知识的(connaissance)理论连接起来的,是一种特定的知识(savoir)共同体观,是一种对于知识塑成共同体的确信。而这种共同体首先是文本的连续性的共同体,是由回答和没有校正且有待校正的问题构成的。阿尔都塞的方案存在一个明显的悖论:他想思考的是断裂,然而,这种症候阅读所思考的,却必然是连续性:通过这种方式,"正确的"问题会通过自己的不在场而滋养着回答。"看不见"对于"看见"的这种必然从属,是通过福柯的**认识型**(*epistèmè*)而得到思考的。可是,断裂的主题在这一框架中完全成了悖论。阿尔都塞的断裂被等同于一种行为,它让我们看见那个"没看见"。在这种行为之前,"没看见"是内在于"看见"的"不可见"。但这在福柯那里是绝对不可能的。对于福柯来说,一种**认识型**与另一种**认识型**之间,没有任何共同的答案或共同的问题。没看见之物只不过是被排斥之物,未被思考之物,只不过是无法思考之物。这种**认识型**的思想,不允许存在着暗中起作用的未思,不允许存在着对未提出的问题的回答。

简言之,依据认识型来思考亚当·斯密的"看不见",在逻辑上就必然不允许这个"看不见"转变为马克思的"看见"。阿尔都塞想要把未思的生产等同于**认识型**的变迁,可是,**认识型**的观念本身与这种等同相矛盾。症候阅读所面对的只不过是"容纳"的运作,它总是制造出共同体,总是预设了共同体。这也解释了,为什么阿尔都塞对于断裂的宣告,总是带有强制色彩。因此,每当论证马克思文本中的断裂时,我们就会遇到大量的"这就是事实""这些是不可辩驳的事实"之类的论据。这是因为,或许阿尔都塞更感兴趣的,与其说是断裂本身,不如说是导致了断裂的东西——最终的代价则是使断裂变得无法思考:由已被提出/未被提出的问题的正确/错误的回答严密编织起来的编织物,就是科学与共同体的空间:作为知识场所的共同体空间,作为共同体权力的科学空间。

荒漠与舞台

要理解这一根本的关切,我们显然需要从另一个关于回答的故事,从一个文学人物那里迂回一下,这个人物也是所有认识论革命和生产方式革命的可悲的标志性英雄。他就是那个与风车作战的男人：堂吉诃德。

在《堂吉诃德》第二十五章，我们的主人公退回了莫雷纳山。他下决心在那儿当个疯子，模仿偶像罗兰骑士的疯狂，直到他让桑丘带给杜尔西内娅的信得到回复。可问题来了：他把信写在哪儿呢？根本没有合适的纸张。堂吉诃德把信写在了卡德尼奥的记事本上，这是从那个陷入疯狂之爱的小伙的挂包里拿来的。他叫桑丘在就近的村子里找个小学老师或是神甫，请他帮忙誊清。可桑丘提出了反对：他如何复制堂吉诃德的签名呢？这封信如何才算是真正写给杜尔西内娅的呢？于是堂吉诃德给出了一系列论证，好让桑丘安心：首先，杜尔西内娅根本认不出堂吉诃德的签名；其次，杜尔西内娅是个文盲；第三，杜尔西内娅根本不知道谁是堂吉诃德；第四，杜尔西内娅，或者说那个农妇阿尔堂莎·洛伦索，根本不知道自己就是杜尔西内娅。这样一来，桑丘就满怀信心地出发了。

堂吉诃德就这样把自己的命运、他那发疯的命运，系于一封不会被阅读的信，系于一封写给某个根本不知道自己就是收信人的信。更糟糕的是，这封信甚至寄不出去，因为堂吉诃德在分心的片刻把记事本又放回了自己的口袋（这当然不会妨碍桑丘捎来回信）。堂吉诃德凭着这一绝对会失败的行动，将自己的义务履行到底，即成为疯子：这是他对杜尔西内娅的义务，对他所模仿的骑士小说的义务，最终，是对这本书的义务，他自己就是这本书中的人物，是它的人质。由此，堂吉诃德——那个从字面上理解书本的男人——的孤独与疯狂，最终意味着文学本身，意味着书写本身的冒险，无躯体之信的冒险，这信的收信人是那些根本不知道自己就是收信人的人。在把小说作为现代史诗的浪漫理论化中,这种孤独和疯狂将以肯定的方式意味着这一点。在知识哲学家和现实主义政治家眼里,它们还会以更没有诗意的方式意味着这一点。对于后两者来说,"文学"意味着言语的不幸命运,意味着对"义务的疯狂"的空洞表达,意味着在世界法则面前显得可笑的内心法则。

阿尔都塞的事业自始至终都烙刻着马克思主义知识分子的忧虑,这是身陷政治之中的知识分子忧虑:不要搞"文学",不要寄出没有收信人的信;不要做堂吉诃德——那个对抗风车的美好灵魂;拒绝孤独,拒绝一个人在荒漠中呐喊,因为这是一种丧失头脑(包括"丧失头脑"的字面意义和引申意义①)的行为。在反对书本中基督再临的(过于简单的)论争中,有着一种更深刻的、更加尖锐的忧虑,对于**先驱**命运的忧虑,对在荒漠里布道的人的忧虑。阿尔都塞教导不幸的约翰·刘易斯:"作为马克思主义者的共产党员和作为共产党员的马克思主义者,永远不会在荒漠里布道。"当然,阿尔都塞补充说,他们有时候是孤独的。我们都熟悉阿尔都塞评论列宁的话:"在历史的平原上,那个小个子孤身一人。"可是确切地说,只要有"历史的平原",就不再会是孤身一人。这个"历史的平原"是由回答和问题编织而成场所。不幸的是,这句将我们从荒漠——从独语的疯癫——中拯救出来的话,立刻就陷入了分裂:"作为马克思主义者的共产党员和作为共产党员的马克思主义者……"在这种分裂的核心处,存在着一种并非偶然的危

---

① "丧失头脑"原文为"perd sa tête",字面意思即"掉脑袋",引申义为"丧失理智""发疯"。——译注

险:即共产党员有可能不是马克思主义者,或者,马克思主义者有可能不是共产党员。这儿有一个出身的问题,也是一个债务的问题:《保卫马克思》的序言提到了这种"想象中的债务",这是那些并非生来就是无产阶级的人的债务。如何避免这一政治债务变成一种文学债务,变成一种无限的债务呢?即如何避免在荒漠中说话的疯狂,如何避免马克思主义知识分子写没有收信人的信的疯狂呢(因为它是写给那些不知道自己就是收信人的共产主义无产者的)?

为了逃避这种孤独或这种"文学的"疯狂,必须保护共同体的编织物,那个由问题和回答所构成的厚厚的编织物,必须保护这一编织物没有任何裂缝,也没有任何漏眼。是它最终保证了"马克思主义者"提出的问题确实是正确的问题,对这些问题,"共产党员"只能成为孤儿式的回答。科学的问题首先是共同体的问题。正是这个共同体的问题不该给任何"虚空"留下位置,正如另外一种失察奇怪的持续存在所证明的那样——它暴露了那些"高举的旗帜是在'空'中劈啪作响的":1948年无产阶级科学的旗帜——这是共产党员而非马克思主义者的旗帜,或是1964年学生抵抗运动的旗帜——这是马克思主义者而非共产主主义者的旗帜。科学的共同体是这种编织物的共同体,它不为任何东西留下任何可供利用的"空"间;它确保自己不陷入疯狂的危险中,**也就是说**,不陷入高贵灵魂的孤独的危险中。

在阿尔都塞那里,知识的共同体对抗文学的无依无靠,是通过这样一种形式-界限来保障的——文学就来源于这种形式-界限本身之中,就来源于这样一种把政治与知识关联起来的文类之中。在这一文类中,人们确信自己至少在向一个人说话:这一文类就是戏剧。面对着堂吉诃德式的危险,阿尔都塞先是构造了关于知识的问答文本,随后是构造了关于哲学的问答文本,就像构造戏剧文本一样。这种构造依凭的是对于戏剧的反思,他写于1962年的《小剧院,贝尔多拉西和布莱希特》很清楚地表达了这一反思。阿尔都塞分析的核心,是这样一种方式:戏剧与戏剧文本的演出凭借这种方式,建立了与"无关系"的关系。

阿尔都塞以斯特累勒导演的《我们的米兰》展开自己的论述,这一剧本最初由贝尔多拉西写就。阿尔都塞的论述利用的是这出戏两种表面上异质的要素之间的关系。一方面,这出戏静态地表现了米兰无产阶级最下层的状态,后者在那些"自然的"场景,即游乐场、平民饭铺和流浪汉收容所中得到再现。这是一系列人物侧影,是互相擦身而过的木偶,他们在凝固了的时间里艰难地做着一成不变的动作,交换着听不真切的可笑提议:相互之间相遇了又等于没有相遇,永远与他人相隔离,与编年史中远得无法追忆的自己相隔离。另一方面,戏剧的第二个要素,**故事**,则在每一幕的结尾处出现,就仿佛是一种意外:这是年轻的尼娜的故事,坏小子杜加索想要占有她,而她的老父亲看护着她。他的看护是如此之严,以至在戏的第二幕结尾,他杀了那个威胁到女儿名声的坏小子。然而,在最后一幕,当他进监牢之前跟女儿告别时,女儿却背叛了他的道德,决定反抗他,走向了金钱与快感的世界。

阿尔都塞提出的问题是:这出戏的两个要素之间的关系是什么?编年时间与戏剧时间之间的关系是什么?他回答道:是创造了关系的无关系。这出戏表现的,就是关系的不在场——是关系的这种不在场带来了意义。每一幕结尾发生在舞台角落里的这一小段戏的含义,是关于误认的含义,这出戏是对由编年史自己生产出来的编年史的误认:高贵父亲的错误意识,他的情节剧(他生活在道德意识形态的华而不实中,并用它来解释自己的生活状态)。戏剧虚幻的纷乱是"向幕后人说话的辩证法"——这也是意识的辩证法,是臣服于内心法则幻觉的美好灵魂的辩证法——的纷乱。必须摧毁这种错误的辩证法,从而抵达真正的辩证法,即社会关系的辩证法。这就是女孩在戏的结尾处所做的事情:她撕破了幻觉的面纱,走出了意识的辩证法。她拒绝了父亲的法则,穿过了"那扇将她与白昼隔离开来的门"。她走向了现实世界,金钱和卖淫的世界,这也是制造苦难并且将其意识强加给她的世界。她走出去了,而我们也随后走出去,同时我们的意识,也由于对关系和无关系之间关系的这种展示的作用,发生了变化。我们,新的演员,另一类演员,也走出去了,作为由这场戏剧生产出的演员,我们受到召唤,走出意识的辩证法,追随在戏剧中发挥着作用的批判,并在现实生活中去完成这种批判。

因此,阿尔都塞进行的概念化操作由"无关系"所决定:而"无关系"是且无非只是误认。他因此进行了非常明确的置换。因为无关系的问题,它的令人焦虑的形象,首先是通过占据舞台的失语的人群呈现给我们,这一群人说不出话来,也生产不出任何东西。他们活在空洞的时间之中,失去了任何方向。对于1962年的观众或读者来说,这一场景勾勒出一个明确的形象:这就是福柯近作《疯癫史》所表现的作品的不在场的疯人院世界。但是,这种说不出话的焦虑,这种无法写出历史的焦虑——因为无论是时间还是言语都没有把这些人与历史的主体联系起来——,所有这一切焦虑,是一种古老的焦虑,一种开创性的焦虑,马克思主义曾用流氓无产者的概念来定位它,并祛除它的魔力。尽管有一些值得称道的努力给流氓无产者提供了一个唯物主义的社会经济的谱系学,但是流氓无产者首先是一种幻影般的名称,是戏剧的名称,是所有博学的言说受挫的戏剧化身,它是无意义、分离、无关系的普通名称。这一戏剧的名称将无关系固定下来,通过社会关系系统赋予其形式,从而否认了这种无关系。由于从现实中被排除,这种无关系的无和没有,开始等同于对社会关系的误认。在"意识形态"这个名称之下,它成了一种单纯的(错误)意识的现象。因此,阿尔都塞重复了马克思主义最初的强制性,置换无关系,置换他归之于意识形态的意识的东西:舞台角落的意识,高贵的父亲的意识,可笑的堂吉诃德关于道德与荣誉极为响亮却空洞乏物的言词。高贵的父亲是可怜的木偶,他必须在最后一幕被孤立,站在舞台的角落,为的是能和他说再见,从而跨过门槛,走向白昼。

　　阿尔都塞关于戏剧的反思定义了舞台的构型和戏剧的定位,为的是祛除由戏剧史通过将知识、父亲与谋杀三者戏剧性地扭结在一起而搞得光彩夺目的东西的魔力。戏剧史在支配着其历史的两部悲剧中制造了光彩夺目的东西:俄狄浦斯盲目追求知识的欲望——盲人先知提瑞西阿斯曾警告他这种知识是可怕的,它不会为知晓它的人带来任何好处;哈姆雷特徒劳无功地寻求知识,特别是,他想用戏剧来获知父亲谋杀事件的真相,这是一种无果的尝试。与这一双重形象对应的,是高贵的父亲/杀人犯这一方便的人物,他可以被孤立在舞台的角落,在那里滔滔不绝地说出意识形态的长篇大论——这是一位胡言乱语的父亲、一半盲先知一半赫瑞修说出的可笑的言论。人们可以对这位父亲挥手说再见,去到另外一边,走向剧院的"另一边"。戏剧以否定的方式给出了这一方向,在那里有戏剧安排的出口,这另一边被叫作现实世界。在戏剧的最后部分,现实不再是言说的受挫、理论的受挫。现实在门的另一边,当我们和高贵的父亲、杀人犯、胡言乱语者说再见的时候,我们就打开了那扇门。

清除这位父亲,也就是清除债务所带来的不幸与疯狂。通过这种戏剧情节,人们实际上可以重新买回债务,并将某人——这个某人需要偿还他并非是天生无产者这一债务——"走出去"的运动等同于一种送给天生的无产者的礼物。而天生的无产者正是因此而缺乏自己的理论,缺乏那个他自己就是其回答的问题。为了使马克思主义者成为共产党员的运动等同于共产党员成为马克思主义者的运动,就必须从那个将书写的孤独与失语人群的孤独分离开来的空间中,制造出由问题和回答紧密织成的编织物。为此就必须把文学引向戏剧的边界,在那里,无关系被断然地清除了,现实通过诛杀意识形态一举赢得胜利。阿尔都塞将戏剧(某一类戏剧)的程序,视为马克思主义动力学的核心。由此出发,阿尔都塞创造了双重的戏剧化:他将理论文本戏剧化为对话,并将理论与现实的关系戏剧化为戏剧与其结局的关系。

文本的戏剧及其出口①

因此,戏剧的时刻,不仅仅是构造知识共同体的舞台的必要途径,它也规定了哲学文本特有的编剧法。实际上,阿尔都塞对哲学文本进行了非比寻常的戏剧化。首先,这是一种对话实践,是舞台布置和角色分配实践。就这样,"政治经济学"与"经典文

---

① 出口,sortie,即导论"言词的出离"中的"出离"(sorties)一词。——译注

本"在阿尔都塞那儿开始取代作家亚当·斯密,自己去看、去写、去说。后来,阿尔都塞的文本受到了一群不断壮大的首字母大写的主体的入侵,后者结合了贝克特式的简练与布莱希特的教育观,它们有:M. L.(它出现在雄辩的答约翰·刘易斯的文章中)、AIE,还有 PP1、PP2,即 PSS①的要素 1 和要素 2……这些不仅是方便的缩写,也是个性化的概念,会说话的概念。概念说话而非主体说话,这就是阿尔都塞文本独特对话的首要特征。

与将对话者的首字母进行大写相对应的,是将对话者的言说置于引号之间。引号既是对话的指示符号,同时又是存在论的指示符号。在引号安置对话者的同时,也指出了他们言说的可靠性。一方面,它们引出了引语。但是这个引语可以来自会说话的主体,也可以来自不会说话的主体。这些往往是准引语(semi-quotation),是引用的实体,它们透露了他人的思想,却并不复制他的言说,或是改变他的身份。这些被抽离出来并被重新编在一起的话开始遇到了这样一些概念(notions),同样的引号的使用,为的却是对它们进行悬置或存疑,这些概念是因其宣称所指示的东西而受到质疑和挑战的概念(concepts),或是在特定条件下提出来的概念(notions)(它们只是标记出尚未出现真正概念的位置的观念–指示)。整出引号的戏剧就这样在双重功能之间摇摆:一种功能是开辟对立的阵营,另一种功能是确保问题与回答的连续统一体——是这个连续统一体赋予了那种对立以范围和意义。

---

① "M. L."是"marxisme-léninisme"(马克思列宁主义)的缩写;"AIE"是"Appareils idéologiques d'Etat"(意识形态国家机器)的缩写;"PSS"是"Philosophie spontanée des savant"(科学家的自发哲学)的缩写。——译注

对话同时总是既斗争又联合。在主张无关系和排除虚空的时候，它总是在设定关系。

这种首字母大写与引号的戏剧赋予了阿尔都塞写作的每一页以独特性：负载了过多的现实指示物、舞台指导，负载了过多的引号与括号，这些符号置换了陈述者的陈述、模态和身份，赋予了声音以可靠性或是剥夺它的可靠性。它还有着过多的斜体，这使词语从日常使用中抽离出来，在意义的方向上使它们倾斜。为了把无意义包围起来，并将它压缩到书页的角落里，阿尔都塞的排印术不断变得复杂。这种对文字的加工，祛除了堂吉诃德式的疯狂，它使每一页充满着共同体与冲突的关系。因此，这样的排印术显然成了戏剧意义上同时又是宗教意义上的拓扑学标记。它制造了一种道成肉身的戏剧，把书上每一页的对话者组织到现实中：阶级与阶级斗争、马克思列宁主义、工人运动，等等。

现实的问题在阿尔都塞那里实际上表现为一种意味深长的线圈。在《保卫马克思》里，他责备自己因为自己所负的债务，曾向"哲学的终结"以及"通向现实世界"（《德意志意识形态》曾声明过这一点，对于知识分子同资产阶级决裂，这尤其必要）的经验主义、道德主义的诱惑做了让步。而在《阅读〈资本论〉》中，阿尔都塞坚持思维过程与现实过程、现实的具体性与思维的具体性之间的截然分离。但是，这种对于天真现实主义的告别并没有解决问题，因为它避开了问题的核心。对于阿尔都塞来说，问题的核心并不是使现实与思想分开，而是从无意义中拯救现实，是使这个现实摆脱流浪、分离与疯狂的现实：堂吉诃德的现实、文学的现实或流氓无产者的现实——这些文学的疯狂的现实，必须在一切关于思想与现实关系的论争之前，被另一种现实所替代，被一种由戏剧生产出来作为**它的**出口的现实所替代,那是通往白昼的出口,是由关系与无关系的编剧法、由对对话的导演生产出的出口,这个出口被孤立在舞台的角落,在形式上赶走了意识的辩证法或**实践**的道德主义。文本的戏剧旨在保存这种现实,它只有在戏剧舞台上所有的出路都已经被封闭之后,才会从那个封闭本身中作为最后的出路被打开。

这种视现实为戏剧唯一出路的做法,产生了两个值得注意的后果。第一个后果表现在阿尔都塞对于所有走出去的"实践者"的否定性反应:这些人走出去过早,在时机尚未成熟的时候,选择了错误的出口。阿尔都塞想在结局到来之前,堵住舞台上的任何出口,同时也阻止那些只有在结局处才会让我们遇见的事物不合时宜地登上舞台。封锁(错误的)出口,是戏剧得以展开打开正确出口的逻辑的条件。而第二个后果是:症候阅读成了这样一种运动,它通过关闭所有出路,以便最终开放唯一的出路,即与现实相遇。在这一点上,《分析手册》(*Cahiers pour l'analyse*)上所登载的解读卢梭的文本堪称范例。在那篇文章里,他的分析将"错位"一个一个地展开,将出路的关闭一个一个地展开,直到抵达包围卢梭的那个要点,卢梭确信自己已遭遇到了阶级斗争的现实,却通过自己的误认向前逃遁、通过遁入意识形态来躲避它:小业主手工业者的怀旧意识形态,无力直面资本主义所有制。

当然,这一"现实"与其说让我们理解了卢梭,毋宁说让我们理解了阿尔都塞。因为卢梭对于个人财产与政治共同体关系的表述,与其说与手工业小业主的强大和衰落有关,毋宁说更加与柏拉图与亚里士多德的传统有关。唯物主义的"解释"实际上是某个出口的标志,它是一种证据,当"意识的辩证法"滔滔不绝地说出长篇大论时，它通过逃避自身，证明了出口的确就在终点。唯一的问题显然在于，只有通过无止境地逃避它所遇到的东西，这个出口才能得到证明。

然而，在阿尔都塞那里，现实有着另一幅面孔，即"工人运动"及其暴行的历史面孔。在《阅读〈资本论〉》序言里，有着一种奇怪的过渡，在论述了对马克思主义经典文本的阅读以及使得这一阅读成为可能的理论条件之后，阿尔都塞继续讨论的对象不是文本，而是**作品**——那种阅读方法总有一天要使其变得可读的作品："这种情况也同样适用于对工人运动史的那些在理论上还含混不清的作品的'阅读'，例如对'个人崇拜'的阅读或者对作为我们当前悲剧的激烈冲突的阅读。这种阅读总有一天是可能的，但前提是，我们必须首先很好地鉴别出马克思主义理性著作中的那样一些论述，以它们为资源，来生产出理解那种无理性（déraison）中的理性所不可缺少的概念。"

值得在这个看起来似乎仅仅是应时性的声明这里停留一下。① 因为在这里，一方面，阿尔都塞改变了马克思主义文本的身份，把它变成了**作品**，并由此求助于它的姐妹——"非理性的"或"含混不清的"作品，把后者拽入"知识的作品"的编织物中；另一方面，他引入了一个新的主体，带引号的作品的作者：工人运动史。通过这两点，阅读的理论推翻了它刚刚提出来的东西（对伟大的**书**的批判），也推翻了它将要确立的东西（现实过程与思维过程的分离）。在理论遭遇政治的地方，它重新引入了最初拒绝了

---

① "作为我们当前悲剧的激烈冲突"是指中－苏冲突和毛主义者对法国共产党路线抗议的发展。

的东西:伟大的现实之书,伟大的历史之书。或许在这里,无法从存在中读出本质。但是噩梦正如希望一样,在这里都被读作作品,这些作品虽说依旧晦暗不明,却一定是可读的,只要它们的姐妹即"理性的作品"提出了问题——对于这些问题,"理性的作品"本身就是回答,只是它们到得太早了。斯大林主义的集中营或是越南抵抗组织,都是等待着问题的作品:那是一些将使这些作品变得可读的问题,但也是已经被捕获在共同的知识编织物中的问题。对于斯大林体系所经历的三十年岁月来说,也是如此,打引号的概念"个人崇拜",是得到苏联共产党认可的委婉说法,它庇护了斯大林体系。个人崇拜这一说法的再度委婉化,拜赐于引号,它们悬置这一说法又保存了这一说法。打引号的概念就像是伞中之伞,被悬置的委婉说法,同时被置放在知识空间之中:这是共同的空间,甚至是典范式的共同:既对共产党员是共同的(对为他们提供担保的群众是共同的),也对马克思主义者是共同的,他们通过引号,赋予这个空间以没有问题的回答的身份,它正等待着辨认属于自己的问题;这个空间对于无数的群众(被称作国际工人运动)来说是共同的,对科学的共同体来说也是共同的。画布在马克思主义的理性作品与其非理性作品之间铺展开来。引号就是科学的记号,是必要的最低限度的科学的记号,足以驱除所有恐惧与所有无意义。最重要的是,在理论文本中,正如在理论所生产或面对的现实中,只会有作品,永远不会有作品的不在场,永远不会有疯狂;最重要的是,历史永远不可能是疯狂的;最重要的是,我们永远不会和一个傻瓜所讲述的喧闹与狂热的故事一起重新陷入孤独;最重要的是,我们永远不会在荒漠里说话。

在阿尔都塞式的闪电的核心处,有着一种难以言说的却又处于中心的东西:一种关于疯狂的思想,一种在历史的疯狂与知识分子发疯的危险之间建立的严格关系。阿尔都塞事业的前提可以这样来表述:为了使历史摆脱其疯狂,知识分子必须首先提防自己陷入发疯的危险:堂吉诃德式的危险,内心法则的危险,与风车作战的危险,寄出没有收信人的信的危险。为了避免发疯,为了不变得孤独,他必须置身于所有**作品**的团结中,必须置身于科学与工人运动的共同体中。他必须拒绝由于仓促或由于对内心法则的失望,而生产哪怕丝毫的虚空与裂缝。阿尔都塞就这样选择了某种斗争,以抵抗疯狂,这种斗争抵抗的是**某种特定**的疯狂观念。他选择了与所有"含混不清"的作品团结(一种没有引号的团结)在一起,以此作为作品的可读性和其救赎的条件。他将绝对的恶确认为作品的不在场的孤独。对于知识分子来说,正如对于历史也一样,任何事物都要胜过作品的不在场。

虽说如此,我们也知道,阿尔都塞并没挡住孤独、疯狂和黑夜对自己的包围。说阿尔都塞赌输了,并由此得出结论说他这么做一定很愚蠢,肯定是没有意义的。相反,始终睁大眼睛关注阿尔都塞,不论多麻烦,都是值得的:我们得睁大眼睛,看看使历史变得合理的欲望到底强加了什么,看看对在荒漠中说话的恐惧、对没有收信人的信的恐惧,到底意味着什么。

或许,没有收信人的写作实际上会更好一些。或许,与其仍然寻求去从这一遗产(那些阿尔都塞留给我们去加工的概念)中得出果实,还不如把孤独还给阿尔都塞的文本(我并不是说遗忘它们),这些文本有其保持孤独的权利;还不如恢复它那没有收信人的信件的身份——阿尔都塞曾徒劳地逃避这一身份。就我而言,我愿意今天让阿尔都塞的声音抵达我们,就像一位死去的、可能发疯了的诗人的声音那样抵达我们：那位诗人，奥西普·曼德尔斯塔姆，在一个靠近海参崴的集中营里，在"工人运动史"的那些晦暗不明的作品的某一篇中写道：

请你永远记住我的言语，为了它那不幸的、烟的味道。

第二章
德勒兹、巴特比与文学表述

德勒兹的最终文本之一题为《巴特比(Bartleby),或表述(la formule)》。①这一标题是他特有阅读方式的最好总结。与其他神圣文本(texte sacré)传统不同,他将这一作品描述为表述的开发:实现文本质料性(matérialité)的一项质料操作。"表述"(formule)这一术语置作品的思想于二元对立中。一方面,表述与故事(histoire)、与亚里士多德的情节(intrigue)相对。另一方面,表述又与象征(symbole)、与意义隐藏在叙述背后这一想法相对。因此,《巴特比》不是一个关于贫困的书记员的古怪与不幸的故事,也不是人类处境的象征。它是一种表述、一场演出(performance)。

然而,我们会看到,这种二元对立原则的清晰度(clarté)不是

---

① 《巴特比,或表述》(«Bartleby ou la formule»), 载于《批评与临床》(Critique et clinique), Paris: Minuit, 1993:89-114.(中译见德勒兹:《巴特比,或句式》,载于德勒兹:《批评与临床》,刘云虹、曹丹红译,南京:南京大学出版社,2012.该译本将 la formule 译为"句式",这里为照顾全书的论述,译为"表述"。——译注)

那么容易能在其运用中留存下来。在分析性的细节中,"表述"的纯粹性(pureté)服从于故事与象征这对立两极间不止一次的往复运动。不过,《巴特比》似乎获得了特权。在《巴特比》中,此书的表述确实在一种语言表述的质料性中综合了起来:古怪的书记员用著名的"我宁愿不"(I would prefer not to)挑战了其雇主最合理客气的请求。在某种意义上,正是这一表述,这种词句间的阻隔,这种纯粹的机械论(mécanisme)构成了喜剧的本质。德勒兹告诉我们,在最字面的意义上,《巴特比》是一个滑稽故事。

不过,表述的喜剧不仅仅指机械的东西附加在了活着的东西上。它指的是机械性瓦解了生活,特定的生活。表述侵蚀了律师工作与生活的合理架构。它不但粉碎了那一世界的等级制度,还粉碎了支撑着这一制度的那些链条:我们期待着能由那一世界得到的因果链条,我们归于这一制度的行为与动机和我们必须用来改善这一制度的手段之间的链条。表述将世界的因果规则——这一规则统治着叔本华的术语指称的表象世界——引向了浩劫。

因此,巴特比的表述在这四字程序中得以实现,这四个字可以概括文学新颖性(nouveauté)这一概念。这种说话方式古怪的切近了新颖性的定义。"宁愿不"有许多意译与阐释方式,其中之一是:"放弃选择"(renoncer à préférer),"不想去选择"(ne plus vouloir préférer)。这一释义在形式上相当于一种规范文学意志的典范表述(formules canoniques)——我指的是著名的福楼拜原则:不存在高尚的或低下主题,不存在更喜欢君士坦丁堡(东方与历史的荣光)而非伊弗托(Yvetot)(潮湿、沉闷、没什么历史的法国内陆)的理由。不存在这些,因为风格(style)是一种看待事物的绝对方式。①

我们知道表述，但却没有意识到其确切的范围或其含义恰当的形而上学性质。表述宣告了文学的破裂——这种文学来自表象体系，源自亚里士多德，这一体系支撑起了美文学（belles-lettres）的大厦。②位于这一体系中心的是被表象者具有规范性[normativité]力量这一原则。根据这一原则，被表象的主体控制着其表象的形式、相称的类型，以及相应的表达模式。根据这一原则，不管表象的是国王还是资产阶级，牧羊人还是动物，人们必须选择属于不同类型，意味着不同作文法则的诗歌形式。人们必须采用不同的语言和音调：由悲剧风格的高贵统一（在这里，女仆在其女主人上升的格调中表达了她低贱的想法）到小说绘声绘色的多样性（在这里，每个人说着和他自身社会地位一致的话）。

简而言之，支撑起模仿大厦的是被表象者的等级制度。正是这样，福楼拜的表述崩溃了。简单地取消这一等级制度标志着文学的破裂，标志着整个规范体系和用以识别依附在这一体系上的作品的合法性的标准的坍塌。接下来的问题是：究竟是什么在支撑着文学的大厦，究竟是什么为作品的价值提供了衡量标准？

有这么一种简单的、得到了普遍证实的答案。这种答案认

---

① 《福楼拜与科莱的通信》（«Letter from Flaubert to Louise Colet»），1852 年 1 月 16 日。（中译见《福楼拜文学书简》，刘方译，见于《福楼拜小说全集》下卷，李健吾等译，北京：人民文学出版社，2002:461,504. 伊弗托是福楼拜的故乡。——译注）
② 美文学渊源于美学，一般而言包括诗学和修辞学，现基本与文学同义，尤重文学的审美性。——译注

为:即使不再存在外部的法则,也会存在内部的法则。文学凭借其自身权能(Puissance)的确证(démonstration)取代了模仿相似性的验证和 inventio(运思)、dispositio(谋篇)、elocutio(宏词)的标准。① 这一真理 index sui(指向自身)。这种文学自律和自我确证的观念可以有三种解释模式。第一种:作品的权能就是生产这一作品的独一的个体的权能。第二种:这是封闭的全体性(totalité)的权能,这种权能形成了自身统一的规则。第三种:当其脱离表象与交际的用途,转向自身存在的时候,呈现出来的是语言的纯粹权能。

全部这些答案看上去都不错,且都已经久经考验。不过,用马拉美的话说,它们始终只是"舞台上序幕里的俏皮话"[plaisanteries de tréteaux et de prefaciers]而已,除非它们能或多或少谨慎地为自己提供完全不同的基础。② 自圣保罗起,我们就知道,摆脱旧法的自律不过意味着受解救他的权能的奴役。支撑着解放文学里的"自律"作品的是另一种类型的他律性。这种他律性以独一的思想权能、思想在物质中在场的独特模式(这同样是思想的他律性)为标志。

一切旨在为文学赋予一致性的事业,或明或暗,都依赖于一种单一的形而上学。这些事业意图取代赋予诗歌 tekhnê(技艺)

---

① inventio(发现、运思、选题)、dispositio(谋篇布局)、elocutio(演说、风格)三者都是西方古典修辞学的基本术语。一般认为这些修辞术语起源于古希腊,成型于古罗马。在古罗马,在上述三项之外,尚要包括 memoria(记忆)和 pronuntiatio(传达、发表)。参见尼采:《古修辞学描述》,屠友祥译,上海:上海人民出版社,2001。——译注

②《诗歌的危机》(«Crise de vers»),《马拉美全集》(Oeuvres completes), Paris: Gallimard, 1945:364.

根基者,即 physis(自然)——tekhnê(技艺)模仿和补全其作品。这些事业要求一种能够充当文学思想根基的不同的自然,反自然(contrenature, antinature)。反自然是一种文学**风格**(style),physis(自然)则是表象的技艺。

风格——让我再次征引福楼拜——是一种看待事物的**绝对**方式。词句是有意义的,即使在作者使用的时候也是这样。而**绝对**意味着**解放**[délié]。风格是让解放的自然在场的权能。由什么中获得解放?由现象的在场形式中,由定义表象世界的现象间的关联中获得解放。文学坚持自身的权能,因此仅仅取消**模仿**的规范和等级制度是不够的。文学必须取消表象的形而上学,以及其建基于其上的"自然":个体在场的模式以及个体间的联系;因果和推断模式;总而言之,整个意义系统。

其后,我们必须在表象序列之前在这一区域内搜寻文学的权能。在这里,其他的在场模式、个性化和连接在运作着。这正是年轻的福楼拜在第一部《圣安东尼的诱惑》(*La Tentation de saint Antoine*)中探究的。在此书中,他宣布了文学的绝对性这一本质基础。没有这些,此书就只剩下些戏剧性的俏皮话。这就是"诱惑"的要旨所在。安东尼受魔鬼折磨,一个以斯宾诺莎主义者的形象出现的魔鬼,却是 19 世纪的模样——和叔本华同时代的斯宾诺莎。在与不断增殖的怪物——有身体而没有器官的怪物——遭遇之后,这一魔鬼拽着安东尼飞上了天。在太空中,安东尼听见自身存在的碎片伴随着凄厉的尖叫和持续的颤抖一道坠毁。表象世界中身体的解体运动导致安东尼发现了一种古怪的、全新的个体化形式。魔鬼列举如下:"无生命的存在、如动物般呆滞之物、植物的灵魂、做梦的雕刻和会思考的风景。"①魔鬼告诉安东尼,这些形式组成了一条"没有头也没有尾的链条"。人们不会在开端处也不会在末尾处攫获这一链条,这往往发生在中段处。

文学的独特权能在这一不明区域内找到了其起源。在此处,此前的个性化尚未完成,每时每刻原子无尽的舞蹈都在构造新的形象和强度。旧的表象权能源自有机的(organisé)精神赋予无形式的外部质料以生命这一能力,而新的文学权能则扎根于精神瓦解(désorganise)之处——世界四分五裂,思想碎成原子,这些原子与物质的原子彼此结合在一起。这就是斯宾诺莎主义的魔鬼的教授法告诉安东尼的:

> 常常,不论因为何物,一滴水、一个贝壳、一缕头发,你已经止步不前,眼睛紧盯,敞开心扉。
> 你注视的对象似乎正在侵蚀你,每当你弯身靠近的时候,联系正在形成:你抓住对方,你通过微妙的、数不清的拥抱触碰对方。②

这些微妙的拥抱,这些会思考的风景或者这些碎石一般的思想——将这些转译进德勒兹辞典中并不困难。一个更现代的魔

---

① Gustave Flaubert: *La Tentation de saint Antoine*, Paris: Louis Conard, 1924: 418.(中译见福楼拜:《圣安东尼的诱惑》,见于《福楼拜小说全集》,中卷,前揭.——译注)

② 同上,417.

鬼会将这些转译进《千高原》(Mille plateaux)发出的指令中:"将自身还原为一根抽象的线(ligne),一根线条(trait),以找到自身和别的线条无法辨识的区域,以个别性(l'heccéité),即造物主非人格性的(impersonnalité)方式进入。"①但是,问题不在于说明在德勒兹之前,福楼拜就在像他一样思考,或者德勒兹继承了《圣安东尼的诱惑》的血脉。福楼拜的文本在这里是一个形而上学范本,用以说明文学要求自身以一门特殊技艺的方式,以一种特殊的物质思考的内在模式的方式存在。与**模仿**(la mimèsis)的法则对立的是下层世界的法则,这一分子的世界,未决定、未个别化,在表象之前,在理性原则之前的世界。用德勒兹的术语来说,与**模仿**对立的是生成性(devenirs)与个别性。这是表达的线条(trait)的解放,不确定性区域的入口,友爱(fraternité)的发现。②福楼拜通过浪漫主义时代的泛神论者辞典表达事物。他给出了形而上学标准的浪漫主义版本:文学要求"自律",以此追求意义。普鲁斯特或布朗肖会抨击福楼拜形而上学及其暗含的诗学的粗糙。他们会给出两者更为考究的版本。不过,根本问题在于,只有一种文学的形而上学:蒙在形而上学上的摩耶之幕撕开了,表象的墙刺穿了没有根基的土地[fondsans fond]。在这里,思想发现其权能与物质的权能相同一;在这里,意识与无意识相等同;在这里,La logos(逻各

---

①Gilles Deleuze: *Mille plateaux*, Paris: Minuit, 1980:343.(中译见德勒兹,加塔利:《资本主义与精神分裂(卷二):千高原》,姜宇辉译,上海:上海书店出版社,2010.——译注)
②此处对照法文原文对英译的译法(detail)作了修正,统一将德勒兹的术语trait译为线条、特征、轮廓,并在括号内注明。下同。——译注

斯)揭示了 pathos(帕索斯,意为知觉、引起怜悯——译注)——归根结底,这一 pathos(帕索斯)是一种**冷漠**(apathie)。这就是荷尔德林重新发现的《安提戈涅》(«Antigone»)的诗句要阐明的文学的形而上学核心。在这段诗句中,安提戈涅谈到尼俄柏(Niobe)变成石头的命运:

我知道,她变得像沙漠一样。①

受荷尔德林影响的翻译者的背离[trahison de traducteur]是表意制度(régime signifiant)间通道的典型呈现。事实上,索福克勒斯笔下的和神话里的尼俄柏的变形在表象世界法则的允许下幸存了下来。通过简单的模仿原则,悲痛欲绝的母亲变成了一块浸透了绝望眼泪的石头。另一方面,荷尔德林的尼俄柏,文学时代的尼俄柏,离开了模仿的表意制度。她变成了一块沙漠,一片岩地。在这里形象和意义被废除了,pathos(帕索斯)与无生命物质的冷漠相等同。

有这么一种文学的形而上学,让我们称其为无知觉[sensation insensible]形而上学。只有这种形而上学培育出了文学,同时也将文学建立在了自律与他律间的无尽冲突之上。我们如何能期望消除无意识中的意识?这种形而上学的悖谬置换为了一个诗学问题:如何在作品的形式中将思想-物质的被解放原子连接在一起?文学的这一要求似乎马上在黑格尔恶毒而无尽的谴责中,在

---

① 见《安提戈涅》第46节,中译可参见伯纳德特:《神圣的罪业:索福克勒斯的〈安提戈涅〉义疏》,张新樟译,北京:华夏出版社,2005:126。——译注

象征主义者新作品的抽象观念与神显(épiphaniques)时刻的消散之间的距离中得到了安置。书籍会"完全靠自身,借由其风格的内部力量便能团结在一起"这一不错的福楼拜想法在书籍的 inventio(创造)这一整体性的想法和 elocutio(风格)的权能带来的无知觉的原子的非凡权能之间被撕裂了。① 紧接着,古典诗学的术语重新出现:书籍的哪种 dispositio(谋篇)能够致使第一种想法与第二种相符合,或者说采用福楼拜的术语,能够将圣安东尼给的散落的"珍珠"重新串成项链?②《包法利夫人》的实践提供的解答有普遍价值:其中夹杂着被解放的表达线条(trait)的分子权能带来的摩尔级表象图式(schème molaire représentatif)、识别程序和叙述序列。也就是说,将这些线条(trait)重新嵌入模仿的循环中。通过范例,福楼拜构想了由认知(percepts)、情感(affects)和速度(vitesses)构成的连贯计划。他掏空了传统的叙述,将一个爱情故事转化为了解放的认知和情感之间的区隔。例如,在《包法利夫人》(Madame Bovary)的其中一幕中,查尔斯(Charles)来到农场照顾爱玛(Emma)的父亲,在这里,他遇到年轻的爱玛,这时候福楼拜在做什么?福楼拜让思想的分子权能变成了碎石,变成了描写一根线条(trait)的权能:即阳光下融化中的雪花不断飘落在爱玛的水绸雨伞上这一描写。被解放的表达线条(trait)的权能构造着每一幕,同时构造着叙述的时刻,构造着作品美好的总体性的转喻。因此古典的叙述统一被真空的权能巩固和增强。这一真空

---

① 《福楼拜与科莱的通信》,1852 年 1 月 16 日.(中译见《福楼拜文学书简》,前揭,460.——译注)
② 《福楼拜与科莱的通信》,1852 年 2 月 1 日.

变成了原子共用的大气层。让我们同意说**印象主义者**的诗学利用反表象的原子重建了表象的宇宙。这一诗学为无知觉制造出了无知觉的权能。文学通过自我隐形,通过将情感和自由认知的分子音乐和表象的摩尔级图示相结合而被生产出来。最终,风格的文学力量因此变得和亚里士多德的模仿技艺(必须学会在其作品中隐藏自己)相同一。在这里,是文学自身通过完成其劳作而隐匿了这种劳作,源自无偏好、漠不关心这一原则的差异变得无关紧要。

福楼拜的例子能帮助我们理解德勒兹的文学操作的固定涵义。这一做法旨在将文学由表象世界带回到其本质性的破裂中。文学作品不断背弃这一断裂的纯粹性(pureté)。它们不断将自身从培育它们的感觉逻辑中推离;它们重新将被解放的表达线条(trait)用两种方式嵌入模仿的宇宙:为自身营造大气层的特性,将自身安排进作品美好的总体性中——其构想遵从柏拉图和亚里士多德的"美好生活"(beau vivant)模式。德勒兹的分析目的始终在于取消这种妥协或矛盾。不过文学的不一致也是哲学土壤——浪漫主义、观念论、德意志传统——培育出的结果。德勒兹同一时间的介入目标在于由这一土壤中扯出文学的感觉逻辑,在另一块由伯克、威廉·詹姆斯或怀特海,或多或少可以谨慎地说,取代黑格尔、谢林、叔本华而占领的领土中建立这种逻辑。在用意象性的术语表象这一思想时,用作品的植物隐喻代替无机物原子和动物有机体的观念论联盟非常重要。①

---

① "被揭示的东西,正是这个我们在其中不再言说的世界,这个沉默的植物的宇宙,以及花的疯狂……" Gilles Deleuze: *Proust et les signes*, Paris: Presses

这一工作推动了德勒兹与普鲁斯特作品之间的无尽对抗。普鲁斯特本质上体现了文学事业最高层次的冲突。普鲁斯特戳穿了福楼拜印象主义诗学的变戏法特征——"移动人行道"（trottoir roulant）的效果由此而来。① 与此相对，普鲁斯特要求一种更高的哲学坦诚，转换成诗学，便赋予了隐喻更强大的力量。我们知道即使如此，除了《我们中的印刷》（Imprimé en nous）一书的文字游戏之外，他并没有解决自律作品建基于知觉的他律逻辑之上这一矛盾。破裂的表象时刻构造的世界不能形成一本书，神显（epiphanies）必须在亚里士多德意义上的洞晓情节（intrigue de savoir）中彼此连接，在不知道谁是写作者的情况下生产真理。在亚里士多德的muthos（情节）中，*pathos*（帕索斯）的颠覆性逻辑生产出了权能。"美好的动物"或构造完美的作品的逻辑因此将文学的断裂带回到了其自身上。德勒兹的全部努力在于将动物/无机物隐喻从普鲁斯特的作品中驱逐出去，构造普鲁斯特的安提戈涅的连贯形象，作为antiphysis（反自然）启示的植物作品的连贯形象——夏吕斯（Charlus）的身体就像一面布满了符码的盾徽（blason）。我们知道，为了构造独特的antilogos（反逻各斯）逻辑，德勒兹必须三次回到普鲁斯特的文本中。我们还知道，antiphysis（反自然）因此系统化地获得了一个称号：精神分裂症，或者更简单那一

---

universitaires de France，1993:210.（中译见德勒兹:《普鲁斯特与符号》，姜宇辉译，上海:上海译文出版社，2008:175.——译注）

① Marcel Proust:《A propos du style de Flaubert》，见于《驳圣伯夫》（*Contre Sainte-Beuve*），Paris: Gallimard，1971:587.（中译见普鲁斯特:《论福楼拜的"风格"》，见于《普鲁斯特随笔集》，张小鲁译，深圳:海天出版社，1993.——译注）

点,精神错乱。① 最终反对作品有机体或大教堂的是掠过作品的蜘蛛织就的网络,患有精神分裂症的叙述者的线索在夏吕斯的偏执狂和阿贝婷(Albertine)的色情狂间延伸。最终,文学形而上学及其诗学冲突的修正将赋予其将文学空间和临床空间二者完全同化的连贯性。

但是,作品不是精神错乱。德勒兹在给出普鲁斯特的分裂这一连贯的反模式时遭遇到了困难。这一困难表明他在其分析中指派给形式的特权不会涉及异质综合(synthèse de l'hétérogène)问题,也不会涉及短篇作品,如短篇小说(nouvelle)或传说(conte)——两者都以寓言(fable)的同一性为特征——的问题。德勒兹同样赋予了特定种类的寓言以特权:关于变形的叙述,关于另一侧通道的叙述,关于变得不可辨识的事物的叙述,格式化叙述,过程化叙述,涉及不同寻常成就的叙述,集中在受变形影响的人物身上的叙述,集中在变形或未定型的演员身上的叙述。简而言之,他把特权给了那些在其寓言中显露出文学在其自身工作中做的事情的叙述。

一方面比较表述和故事,一方面比较表述和象征,差异的纯粹性(pureté)便变得混乱起来。只有通过驱逐,德勒兹的"表述"才能将故事由表象世界拔除,这差不多就是象征。巴特比的演出就像卡夫卡故事里的歌手约瑟芬(Joséphine)的演出,或者《变形记》里格里高利(Grégoire Samsa)的演出,总是在同一时间上演,同时,文学的演出也囊括其中:未定型或变形的权能。之后,我们必

---

① 见"Presence et fonction de la folie, l'Araignée"(疯狂的呈现与功用),《普鲁斯特与符号》最后一版的结论。

须修正德勒兹最初的断言:巴特比的表述,就像格里高利的变形,确实是字面上的,同时又不是字面上的。由这个角度来看,传说是一种特权结构。是魔法表述讲述了魔法表述的故事,同时将每一个变形故事变成了自身变形权能的示范。因此德勒兹的分析在古典的作品形式和内容之间创设了一种罕见的做法。他告诉我们,文学是一种生产质料身体的质料权能。不过,更经常的,他不是通过语言或形式造成的效果,而是通过寓言来为我们论证这点。他坚持这一由普鲁斯特而来的观念,作者用母语创造了一门外语,其影响及于一切语言,甚至及于其外部界限——沉默和音乐。不过,他如何说明这一点?通过唤起变形的格里高利痛苦的吱吱声,或者通过梅尔维尔的《皮埃尔,或歧义》(*Pierre, or the Ambiguities*)中的伊萨贝拉(Isabelle)这一角色——她"用不可理解的呢喃影响了语言,就像低音演奏用吉他的和弦和音调支撑着全部语言"。①但是卡夫卡的语言仅仅给了我们格里高利抄写的将死的词句和他对他体验到的陌生人的音色的观察。"痛苦的吱吱声"没有在语言中创造其他语言。伊丽莎白不可理解的呢喃或低音演奏同样如此。文本徒劳地告诉我们她不能说话,文本徒劳地向我们言说吉他的声音,这一沉默或低音演奏没有任何影响。

这一低音演奏我们听到的远没有德勒兹在梅尔维尔平滑的文本中听到的那么多,不过我们可以辨识出这一说法的来源:它由叔本华关于音乐的记载而来。通过诉诸语言中难以解决的差异性,通过刻画文本的运作和他告诉我们的事情之间的相似性,

---

① Gilles Deleuze:《批评与临床》(*Critique et clinique*), Paris: Minuit, 1993:94. (中译见德勒兹:《巴特比,或句式》,前揭,149.——译注)

德勒兹事实上将文学纳入了音乐的概念：不是一种特殊艺术，而是一个哲学概念，一种艺术观念。在叔本华处，音乐明确地表达了真实世界的音乐，一个象征性的未分化的世界的音乐。这一世界存在于表象的图式之下。简而言之，文学表述的分析将我们送回到了故事的赠予中，文学独一权能下的象征功能中。

德勒兹提出的异议在于指出文学的独一权能原来是不稳定的。为了反对分子革命的重组变成表象图式，为了结束自律与他律间的冲突，德勒兹提出了一种表演性的文学概念。不过，这么做的时候，他回到了黑格尔标识出的象征主义逻辑。面对文学通过实现来废除其原则这一问题，德勒兹选择了一种模范文学和文学中的模范话语：在这种话语中，文学冒着仅仅呈现寓言或寓意（allégorie）的危险，呈现了其权能。人们可以在运作（opération）形成的过程中呈现这种话语。不过在德勒兹看来，呈现这种运作绝大部分时候意味着将分析集中在运作者的形象上。这意味着重新接受亚里士多德诗学的异议，将文学文本集中在性格上，损害行动，促使性格变成了寓言背后的驱动力。

事实上，注意到在德勒兹处什么样的不一致可以通过这点很重要。他长时间地谈论分子多样性和个别性以及个性化的非人格性形式的长处。他继续谈论梦中一小时的个人性，或看见的风景。不过，相较于巴尔贝克（Balbec）海滩上出现的海洋生物，他的分析总是更多地聚焦在故事的"英雄"上：夏吕斯的姿态吸引了他。他告诉我们，伟大的文学作品是一块拼图，而在《白鲸》（*Moby Dicky*）不可思议的马赛克、文本性和人中，德勒兹的注意力仅仅固着在了亚哈（Ahab）身上——一个出类拔萃的人物，偏执狂。他只有一个想法，对抗抹香鲸的白色大墙。巴特比的例子同样意味深长。梅尔维尔的巴特比是一个没有面孔的人物,四字表述便可为其作结。然而在德勒兹的分析中,他步入了包括亚哈、梅什金(Myshkin)公爵和基督在内的榜样陈列室。

我们如何解释这种似乎重新回到了故事的诗学及其"英雄"的做法?为了解释这点,我们必须考虑到诗学和政治学之间的关系。这里反福楼拜的反例会对我们有所启发。乍一看,福楼拜机器里到处都是德勒兹之井布置的木桶:用于浸透每一个原子。通过取消性格,通过赋予个别性以特权,通过用分子运动浸透故事的每一时刻,福楼拜最终将特权状态还给了叙述。换言之,文学的分子革命似乎回到了陈旧的亚里士多德的选择,特权行动与性格的二选一中。福楼拜选择了个别性以取代人物和 cogito(思考)的法则。不过这么做的时候,他牺牲了相对故事而言的**生成性**[les devenirs]。然而,德勒兹做了相反的选择。通过赋予生成性的反叙述权能以特权,他将权能集中在了榜样人物身上。这些人变成了生成性的操作者和生成性的象征。对文学人物及其表述的分析与对《感觉的逻辑》(Logique de la sensation)中的**形象**(figure)的分析连接了起来。①通过将人物的特征(traits)取走,通过阻止其与其他形象交流从而形成连续的故事,感觉的图像性逻辑隔离了形象。不过,这么做逻辑便退回到了图像的层次中,它将形象钉死在了十字架上,准备逃往精神错乱的不确定性中。关于巴特比的文本提供了图像性形象的文学等价物,基督一样的**特异者**[l'original,意为原始、独特——译注]形象。德勒兹借用了梅尔维

---

① 中译参见德勒兹:《弗兰西斯·培根:感觉的逻辑》,"一、圆,圆形的活动场地",董强译,桂林:广西师范大学出版社,2011.——译注

尔《大骗子》(Confidence Man)中的特异者观念,这一人物/观点将一束特殊的光打在了寓言上。他同时借用了一部小说不能同时容纳多于一个的特异者这一想法。然而,他倾注在这一特异者形象身上的概念疗法(traitement conceptuel)显然远远超过了梅尔维尔的提议和意图。特异者在德勒兹处变成了一类新的形象。他因其孤独而类似于图像性的形象,这阻碍了叙述逻辑的展开。同样,凭借将作品的运动象征化的能力,他得了限制在文本的实际布局中的精神分裂症。不过,相较于图像性形象,他还被赋予了凝结(condenser)的权能,就像一面刻满作品全部品质的盾徽。德勒兹告诉我们,特异者表明"火焰般的表达线条(traits)"标志着"对无图像思维的执着、对一个没有解答的问题的执着、对一种没有理性的逻辑的执着"。①同样的,特异者继承了著名的作者的权能,即在语言中创造另一种语言。德勒兹告诉我们,他们的话语是"原初语言的残留和投影,独特而原始"。他们"将语言带到了沉默和音乐这一界限处"。这是因为他们在我们的本性(nature)中"见证了更原始的本性",同时暴露了我们世界的"伪装"。②

我们在这里可以观察到两点。首先,特异者的权能与作者的权能是完全一致的,风格是"看待事物的绝对方式"。德勒兹希望看到去连接的权能自己解放自己[déliée],将自己释放到由人物体现的小说的个别性中。不过,我们同时要注意到,他们扮演的角色在谴责我们世界的伪装。无疑,德勒兹会吃惊于这一假面和拟象的游戏设想的彻底否定性的自然。此前,德勒兹与柏拉图的

---

① 前揭, 106. (中译见德勒兹:《巴特比,或句式》,前揭,174. ——译注)
② 同上.

理念相比要积极得多。不过,叔本华的根基同样如此。在用一种前自然的本质性音乐对抗我们伪装的世界时,他会意识到意志和表象的对抗。特异者是在两种对抗形式下走向毁灭的意志和命运的一种模范形象。一方面,他是激增的意志,增加到了极限,由此崩溃。在亚哈处,过度的意志会取消自身:因此巴特比通过将"不愿意"这一执着肉身化(incarnant),宣布了意志转向无效意志[volonté de néant]的巨大转变。不过特异者——这无法模仿的人物从不模仿别人——的特质同样对抗着模仿带来的对子模型和复制品——父子血统关系同样如此。特异者的文学权能正是叔本华赋予音乐的东西,存在于表象世界之下,起着支撑作用的真实世界的直接表达。小说的特异者将其音乐原则赋予"形象",这种小说复原了图像的轮廓。他表明作品的权能直面异质性,这即是说,这种权能不仅仅只是非人格性的多样性不可预知的构造,而且完全是两个世界的邂逅。

德勒兹面对的难题其核心肯定就在于此。相对于模型和复制品的二元垂直世界,他起初似乎在反抗多样性的水平世界。这是一项矛盾的工作,辗转于碎石般思想的唯物主义和优雅动物或对称建筑的唯心主义之间的时候,他似乎在反对**拼图**(patchwork,原文为英文——英译注)的独特计划。相对于血统模型,其仿制品和罪责,他似乎在对比通过蜜蜂而受精的植物和患有精神分裂症的无辜植物。这一对两种世界形象的简单反对马上遭遇了挫败。这不是在消解模范性绘画带来的多彩形象,而是在拷问这一形象。这一形象在对抗性冲动的中心得以确立,意味着一种图像性的去形象化的对抗性工作。文学文本同样如此:没有填满个别性的无序,而是狂妄地聚焦于揭示了其实际意义的特异者英雄形象上。我说过,德勒兹想用一块地基取代另一块,用经验论者的英国地基取代德国观念论者的地基。德勒兹希望回归到粗糙的叔本华形而上学以及坦诚的象征主义者的文本解读方式中。然而,这种看似令人惊奇的回归表明,某些东西会挫败这一简单的取代;取代多样性的植物人的无辜反而强化了一个挣扎于两个世界之间的新的形象,这一形象由模范性人物指引。

当然,这不是一个关于不一致性的问题。要理解德勒兹主义诗学表面上的矛盾,我们必须重建中介秩序。正是这一秩序赋予文学以政治功能。小说的居民同时是一种召唤人们到来的许诺。这一政治赌注被镌刻在文学事业里,被镌刻在无偏爱(non-préférence)原则中。每一个主体的同等价值,一切表象的等级制度被还原为生成性的伟大的平等主义权能,这些都涉及文学和平等间的关系。但是,确切地说,哪一种关系呢?为文学革新奠基的分子平等,与政治共同体能够实现的平等之间是什么关系?又是福楼拜为这个问题给出了经典表述。对他而言,政治平等属于幻象的秩序,表象性的 doxa(意见)秩序,不可能改变的等级,不可能达成的关于统一的另类表述。人类个体不是平等的原子。这就是他给科莱的著名书信中说的:"如果我不像朝向乞丐一样亲切地朝向叮咬着乞丐的虱子,魔鬼就会把我带走。此外,我确定人不比木头上相像的树叶更多兄弟:他们一起担心,仅此而已。我们难道不是宇宙的流溢造出来的吗?〔……〕有时在盯着一块碎石、一只动物、一幅画之后,我觉得我进到了里面。人类之间的交流远没有这么强烈。"①

---

① 《福楼拜与科莱的通信》,1853 年 5 月 26 日。

这就是文学的形而上学固有的政治。这种政治把人类诸个体在社会中的平等,引向一种更伟大的平等——一种比贫民和工人要求的平等更为真实、更为深刻的本体论的平等。这种平等仅仅在分子的层级上进行统治。在友爱的伪装背后,有一种将宇宙的纤维都联结在一起的同情。或者用叔本华的术语来说,有一种怜悯,它是作者的独特情感,因为它超出了人类诸个体之间关系的秩序。①兄弟共同体没有本体论的一致性,没有超乎古老的父辈共同体之上的特权。

　　德勒兹拒绝的正是这种反友爱的平等。文学创造的人不能被还原为拥有普遍物质的(substance universelle)地方情感的居民。分子革命确实是一项友爱原则。不过,并非通过其直接的情节发展,分子的平等实现了文学的独一性,并且确立了友爱。我们必须将文学的伟大创造——自由间接话语——由福楼拜的寂静主义(quietism)中夺走。在作者眼中,其建立起来的并非诸主体的平等,而是对虚构的特权的压制。自由间接话语没有表达风格的绝对视角;它体现了对表象的真实反对。这并非原子无差异的音乐,而是一种福楼拜主义:"当他自己即将开始'虚构'[fictionner]的时候,当他进入'构造传说(légender)的犯罪现场'的时候,因而在帮助他的人物创造的时候",这种福楼拜主义是"真实人物的生成性"。②分子革命没有让鲁奥(Pere Rouault)的女儿和哈米尔卡

---

① 正是在这个意义上普鲁斯特在写给贝尔(Emmanuel Berl)的一封信中将其与友爱作比,在此信中他明确提到叔本华。《普鲁斯特通信集》(*Correspondance*),Paris:Gallimard, Vol. XV,26-28.
② Gilles Deleuze:*L'Image-temps*, Paris:Minuit, 1985:196. 谢谢贝卢尔(Raymond

(Hamilcar)的女儿在作者的全能面前获得平等。但这一革命导向了库德雷斯岛(Ile aux Coudres)的农民使用的**虚构**权能——当这些农民在电影人佩罗(Pierre Perrault)的唆使下"复兴"他们传奇的海豚捕捞时。因此,这有助于建立"魁北克的自由间接话语,一种两头的语言,千头的语言"。① 德勒兹话语表面上的矛盾,赋予神话人物的特权,因此消除了:说到底,杜撰人物是反表象的 telos(终极目的)。"杜撰(fabulation)"是虚构(fiction)的真实对立面。它是艺术创造和生命权能的"形式"和"内容"的统一。你会注意到,通过对照另一种艺术,即电影,德勒兹将这一观念阐述得更为清晰。按一个不明确的术语的说法,"电影真实(cinéma-vérité)"的形式在观念上将自身交给了艺术权能向杜撰(fabulating/fabled)人物的转移。与这一 telos(终极目的)相较,文学起了中介作用。它加入了对抗表象权能(父权)的战斗。聚焦在德勒兹的"英雄"分析上的表面上的矛盾事实上都聚焦在了神话的战斗上。必须有一种共享的杜撰和一个新的杜撰人物。德勒兹赋予特权的故事不仅仅是文学操作的寓言(allégories),还是这场伟大战斗的神话,友爱共同体的神话。这一共同体在这场对抗父系共同体的战斗中获得了胜利。特异者不仅仅是文学生产的化身,他们还是摧毁父系共同体这一模型与复制品世界的神话人物。因此他们造

Bellour)在 1997 年路萨斯(Lussas)的国际纪录片影展(états généraux du documentaire)上通过将其作为一个项目的主题而让我注意到了这一文本的重要性。(中译见德勒兹 :《时间-影像》,谢强,蔡若明,马月译,长沙:湖南美术出版社,2004:238.——译注)

① 前揭,197. (中译见德勒兹 :《时间-影像》,前揭,238.——译注)

就了"另一个世界"的权能,摧毁我们这个世界的权能。像亚哈这样的偏执狂呈现着父亲的形象,他想要和宁愿走向因过度而导致的自我毁灭。没有意志的存在,像巴特比和比利·巴德(Billy Budd),通过同样的过度取消了孝顺的形象。他们通过激进的无偏爱(non-préférence)辨识这一形象,进而刺穿这一形象。因此,特异者的悲剧不是黑格尔的辩证法和谨慎的瓦格纳的戏剧艺术。这一悲剧以另一种方式解放了没有才能的人(同时也是虚构者,说谎者,拥有错误权能的人)的可能性。通过摧毁父亲的肖像——表象系统的核心,它打开了友爱的人性的未来。因此,它造就了一个与基督教的旧通道类似的通向新的契约的通道。"巴特比不是一个病人,而是病入膏肓的美国的医生,新的基督,我们全部人的兄弟。"①

德勒兹看到的这一友爱的未来开始于另一部梅尔维尔的小说《皮埃尔,或歧义》。在这故事里,友爱与乱伦集于皮埃尔一身。皮埃尔是死人嫡出的儿子,伊萨贝拉则是庶出的女儿。当然,我们可以顺便再次召唤出瓦格纳还有黑格尔的《安提戈涅》分析。在《安提戈涅》中,兄妹夫妇作为精神权能似乎是家庭的真正核心。而巴特比的整个文本可以视作黑格尔讨论希腊悲剧的一段移置过的自由评注。不过,重要的地方不在于重新刻画德勒兹的"美国"剧本压制的德意志与希腊阴影,而在于观察这一剧本如何连接两段故事:原罪或父系秩序的原始破裂的故事和一个对父系秩序一无所知的无辜的友爱世界的故事。

---

① 《批评与临床》(*Critique et clinique*),114.(中译见德勒兹:《巴特比,或句式》,前揭,191.——译注)

197　　　事实上,在《巴特比,或表述》中,美国乌托邦可能是——或可能已经是——伟大的友爱希望的另一种图景的呈现:与无产阶级的世界相对的同志社会;另一种伟大的希望,虽然同样遭遇了充公(confisquée)的命运,可能性却还是这么丰富。这一乌托邦与苏联的乌托邦截然相反——那一乌托邦在外部被父系的形象吞噬殆尽。美国革命不仅与英国父亲决裂,同时还阻止了其权能,实现了一个没有父子的社会,一个走在同一条路上的兄弟组成的小型国家——没有开始和终结。这一革命建立了一个少数派的国家,其小说拥有卡夫卡这一布拉格的德裔犹太人释放的少数派语言的或语言中的少数派的权能。① 德勒兹为我们描绘了这一友爱美国的哲学:另一种文学形而上学围绕着詹姆斯兄弟——小说家亨利·詹姆斯和哲学家威廉·詹姆斯——建立起来。假设这一美国存在,我们会奇怪是什么让梅尔维尔预言了这一国家的存在。然而,德勒兹的这一选择没有近似者:关于皮埃尔和伊丽莎白的乱伦小说(roman)——如果我们忘掉由梅尔维尔处推断出来的家庭大屠杀的话——事实上表象了两种基础截然不同的小说(fictions)的确切相遇位置:死去父亲和原罪的戏剧艺术;土著的神话,兄弟姐妹在从来没有父亲的世界中走动的戏剧艺术。观察这一由此书而来的矛盾如何连接在一起是可能的。在德勒兹的分析中,有一本书扮演了向导的角色,有时候则缄默不语。我指的是劳伦斯(D. H. Lawrence)的《美国经典文学研究》(*Classic American Literature*)。②

---

① 参见德勒兹:《卡夫卡》,见于德勒兹:《什么是哲学?》,张祖建译,长沙:湖南美术出版社,2007.——译注
② 中译见劳伦斯:《劳伦斯论美国名著》,黑马译,上海:三联书店,2006.——译注

劳伦斯此书的意图在于由美国文学中摘取出还笼罩在双重迷雾中的新世界的真正秘密:唯心主义的纯粹性(pureté)梦想还封存在欧洲和基督教的父子关系的宇宙中,紧接着是无辜的自由梦想和友爱的民主。梅尔维尔和惠特曼这两位作者完成了这一循环,在某种程度上将这两种梦想用象征呈现了出来。梅尔维尔刻画(incarne)了一个投身于理念的十字架的男人,处身于载满理念疯子的船上,狩猎着仅凭鲜血和直觉活动的存在,最终被这一存在摧毁。惠特曼则刻画了一个非泛灵论的梦想,赤裸灵魂的民主。这一灵魂游荡在高速路上,除了游历外没有别的目的,除了生下来就有能力在路途中辨识自身外,没有别的社会形式。

不过,读劳伦斯的时候,我们感觉到有一种张力在抗拒两人主张的明确的目的论:在劳伦斯对惠特曼这一异教徒伟大之处的体认中夹杂着一丝嘲讽;在与梅尔维尔这一基督徒秘密串通之后,他在惠特曼处看到了未来的讯息,同时他注意到了他的双重局限:一方面,他对他同道的爱还是夹杂着**同情**,旧式唯心主义施舍的同感(sencir-avec)权能;另一方面,他天真地以为友爱可以马上实现,我们可以马上摆脱邪恶和罪恶。而梅尔维尔,直面怪物的男人,找到了卓越的艺术权能(同样也可以说是真理的卓越权能)的承载者。劳伦斯想要呈现的美国真理等同于将梅尔维尔的理性内在化的惠特曼,他将这一理性恢复为了民主的同情,天使和野兽角力的唯心主义权能。

在某种意义上,这就是德勒兹告诉我们的。他通过亚哈或克拉加特(Claggart)召唤出了一个友爱的美国。这些人物将会打落"父亲的面具",在特异者——"前自然"的人——和普通人类之间达成和解。不过德勒兹似乎通过颠倒劳伦斯的逻辑解决了这种紧张。他给了梅尔维尔惠特曼的理性,他将巴特比这一主动的遁世者变成了美国开阔大道上的英雄。他把皮埃尔－伊丽莎白这一对变成了同志社会的创始人,他把梅尔维尔变成了美国的表象——这一美国从一开始就希望是一个无政府主义的共同体。我们可以轻易地想象劳伦斯面对这一美国图景时的反讽画面。在这里,德勒兹旨在再次建立文学的一致性,建立文学创造的人物的一致性。在文学的破裂(父系社会带来的激进破裂)中显示表象世界的实际情形,这一做法是有问题的。但是事情就这么发生了,似乎这一通过强力建立的一致性马上乱成了一团。德勒兹歌颂灵魂伟大的自由之路。可是我们如何才不会被他将要提供的世界图景击中?一个"过程中(的世界),群岛",上面住着友爱的个体:"一堵由自由的[libres]、没有用水泥固定的石块砌成的墙,其中的每个元素都有独立的价值,但这价值又是通过与其他元素的关系体现的。"①我想这是德勒兹最后留给我们的最宏大、最强烈的图景之一。同时也是最奇怪的。我们知道用于共同体的与建筑学规划相违背的"自由的 [libres]、没有用水泥固定的"石块建基于**父亲**的法则之上。然而在一个弥赛亚内涵显然比任何其他文本更显著的文本中,为什么必须引领探险家门走上伟大道路的运作着的整体图景必须是一堵墙的图景?与建筑学秩序或优雅动物的配置(l'ordonnance du bel animal)相对照的不再是植物增殖的无辜(l'innocence de la prolifération végétale),而是一堵松开的[délié]墙,一种意在避开敌对的矛盾修辞(oxymorique)的形象。不过这可能同时给我们呈现了矛盾的终极形象。这一形象

---

① 前揭,110.(中译见德勒兹:《巴特比,或句式》,前揭,183。——译注)

是思想的美学模式固有的,也是自律和他律联合体的核心固有的。不过这一形象似乎也阻碍了文学的中介作用,阻止了人们来到共享的杜撰之路上。毫无疑问,在德勒兹看来,有一种友爱承诺的类似无休止的延异(différemment)的存在。他承担了永无止境的自动校正工作,不断修改他提供的思考图景。就像他总是必须将"游牧"(nomade)思想由普遍的运动论[mobilisme]中切割出去,不然二者就过于相似了。因为普遍的运动论同样是一种寂静主义,一种延异主义。文学在其文本中表明了这一点,我们可以用讽刺手法刻画统治今天的 doxa(意见)。当基本秩序和主导话语断言运动无处不在,没有人应该扰乱这一点的时候,德勒兹攻击这一 doxa(意见)"颠倒黑白"。他在这堵古怪的自由之墙前将我们拦了下来,问题不在于他们如何聚在一起——可以通过年龄解决的平衡的问题——而在于他们的聚集如何转变为规范,表象这个友爱的自由世界。

　　不过,对我而言,这一自由之墙的悖论不仅仅标志着讽刺手法中对延异、游牧思想的需求,它同时还呈现了德勒兹召唤文学来清理的通道的悖谬。这一清理是通过一劳永逸地刺穿表象世界的高墙,通过创造友爱的政治的人完成的。这一政治的人由个体而来,由存在论定义的个体的平等模式而来,由其建立的增殖的存在模式而来。而"自由石块之墙究竟是什么"这一问题将我们送回到了"德勒兹的巴特比究竟是谁"这一问题中。在父系律法中给予我们自由的基督兄弟是什么？这一奇怪的基督没有成为**言**的化身(incarnation),他来自**盲信**(dead letters)办公室。在那里,他只能看到无人过问的没有地址的信件,或寄到不存在的收件人处的信件。一个父亲－上帝没有手打开信件,没有眼读信,没有嘴谈论；一位聋哑盲的父亲——他以一堵墙将球回弹回去的方式将自己的儿子巴特比送到了这个世界上，让他发出和"肉身化"（incarner）唯一的词组——这意味着，他是一个什么也不喜欢的"好"父亲，精神分裂的父亲。因为他没有任何器官选择事物，因为他的器官，他的嘴、眼睛、手脱落得到处都是，脱落得这个世界任何地方任何时间都是，因为他事实上除了脱落什么也不是。

正如我们看到的，问题在于当精神分裂的父亲取代律法的父亲时，其他种类的友爱并未正常地形成，只有原子、原子群、偶然及其不间断的修正。除了差异性的无限权能和无限的无差异的同一之外，没有什么在形成。问题依然在于：人们如何才能在政治共同体中用这一无差异性制造差异？差异必须经过调和制造出来，通过基督般的形象制造出来——这人由另一边折返（"眼睛变红"），由正义之地折返，由沙漠中折返，除了无差异性，无话可说。之后，调和者必须执行两项操作。他必须用存在的巨大混沌，用沙漠的正义对抗古老的父系律法。不过，他同时必须将这一正义转化为另一种正义，将这种混沌变成以柏拉图模式构造的正义世界的原则：在这个世界，人类多样性根据其功过排序。

德勒兹的巴特比，这一基督兄弟，精神分裂的父亲的使者，可以被视作另一位文学人物的兄弟。还有一位哲学家问了自己同样的问题，在前引同一位基督徒的帮助下，他创造了这一文学人物。我说的当然就是尼采的查拉图斯特拉。德勒兹指控巴特比的正是尼采指控查拉图斯特拉的，这一狄奥尼索斯的使者，基督或敌基督者，被控告宣布了一个唯一的真理。他知道的不是上帝已死这一消息——这一消息只会让末人感兴趣——而是他已精神错乱。在上帝极端的"无偏爱"（non-préférence）这一真理中——我们也可以称这一上帝为生成、存在或本质——形成新的正义原则是有问题的。这种原则被称为"等级制度",尼采在书写和评注中,在《查拉图斯特拉如是说》的空白处大量提到这一名称,而查拉图斯特拉自己从未发出这一声音。因为要发出这一声音,他首先必须能够言说差异和无差异的平等——或永恒回归——形成能够听到这点,能够和查拉图斯特拉一道发笑,而不必将其转化为滑稽表演,转化为"愚人节"的听众。在查拉图斯特拉带来的讯息里,"正义"的未来有必要切断(同时也不可能切断)查拉图斯特拉的"超人"的美学教育和他们利用这种教育制作的喜剧("愚人节",或者,可能非常简单的"查拉图斯特拉主义")之间的关联。在此书的概念中,存在论和政治之间的悖谬被标识为其自身终结问题的未决性。有一种计划好的未成文的结局,这种结局会告诉我们,查拉图斯特拉是一位建立等级制度的立法者。在1884年出版时,此书的结局以"第五福音"的七个印章的结束。然而,还有偷偷印了四十册的第四卷,此卷通过刻画"超人"上演的"尼采主义"喜剧,重启了印章。①

这确实是一项与查拉图斯特拉的使命平行的使命,其目的在于清理存在论与政治之间的道路。德勒兹将这项使命托付给了普遍的文学和个别的巴特比。德勒兹的正义确实处在尼采的"等级制度"最远的延长线上,名为友爱。接下来,问题在于清理疯狂的上帝的平等主义功过正义和友爱之人的正义间的道路。德勒兹告诉我们,这件事必须被视作一场喜剧。文学是一场喜剧,给

---

① 关于此书及其出版情况见尼采:《扎拉图斯特拉如是说》,编者说明部分,黄明嘉,娄林译,上海:华东师范大学出版社,2009.——译注

了我们疯狂上帝的巨大笑声,为在路上的人的友爱清理出了道路。但是这一喜剧和《查拉图斯特拉如是说》的喜剧一样有着两面性。在巴特比的面具下,德勒兹为我们开辟了同志的开放之路,摆脱了父系律法之后的大众的开怀大醉之途,特定的"德勒兹主义"路径——这一"主义"可能仅仅是德勒兹思想的"愚人节"。但是这条道路将我们引向了冲突:自由石块之墙,无路之墙。我们没有继续由大众的存在咒语走向任何政治上的正义。① 文学没有给德勒兹的政治打开任何通道。不存在任何狄奥尼索斯的政治。这一堵墙可能像其石块一样自由。在这堵墙前,狄奥尼索斯的哲学孩童的欢乐膨胀终结了。老欧里庇得斯的复仇可能因此遭到了尼采的唾骂。他确实预见了这一哲学家:狄奥尼索斯不想要任何哲学门徒。他不爱哲学家,只爱愚人。基督对狄奥尼索斯的复仇也是如此。其兄弟还是基督或巴特比,调和者的形象,如果不是钉死在十字架上的形象的话。而这一自由石块之墙就像那些五彩的彩虹,像那些查拉图斯特拉必须投向未来的空中桥梁——冒着被巫师和傻瓜仿制的危险。不过,当然,一种强大思想的强大之处也在于其拥有修复自身悖谬的能力,特别在无路可走之处。这确实就是德勒兹在这里做的,用同一个手势,他开辟了德勒兹的道路,并将其送到了这堵墙面前。

---

① 在此处引用巴丢对德勒兹思想的解释时,我由伟大的尼采主义者福尔(Elie Faure)的"关于电影奥秘的介绍"(L'Introduction à la mystique du cinéma)处借来了这一表达。《德勒兹:喧嚣的存在》(*Deleuze: La clameur de l'être*), Paris: Hachettt, 1997.

人名索引

(索引页码为原著页码)

Althusser 阿尔都塞 13,157 −177
Anaxagore 阿那克萨哥拉 127
Apulée 阿普利乌斯 45
Arioste 阿里奥斯托 106 −109
Aristote 亚里士多德 18 −19,22,101,116,132 −133,135, 145 −146
Auerbach 奥尔巴赫 89 −93
Augustin(Saint) (圣)奥古斯丁 97 −100,158
Azaïs 阿扎伊斯 65

Ballanche 巴朗什 65
Balzac 巴尔扎克 10,14,71,115 −136
Banville 邦维勒 82 −83
Barrès 巴雷斯 148 −149
Baudelaire 波德莱尔 37,66 −67,71,82,151
Benjamin,Walter 本雅明,瓦尔特 44

Bernardin De Saint-Pierre 贝尔纳丹·德·圣·皮埃尔 124
Bertolazzi 贝尔多拉西 168
Blanchot 布朗肖 184
Bannefoy 博纳富瓦 72
Borges 博尔赫斯 95,111,133,135
Brecht 布莱希特 168
Burke 伯克 186
Byron 拜伦 31–37

Cassien 加西安 103–104
Catulle 卡图鲁斯 47
Cervantes 塞万提斯 12,104–112,132,165–167
Chevalier, Michel 希瓦利埃,米歇尔 130
Chomprê 考姆普利 77
Claudel 克洛岱尔 69
Clausewitz 克劳塞维茨 140
Coleridge 柯勒律治 31

Dante 但丁 48
De Certeau, Michel 德·塞都,米歇尔 103,109
De Kock 德·柯克 149
De Maistre, Joseph 德·迈斯特,约瑟夫 71
De Quincey 德·昆西 66–67
Deleuze 德勒兹 13,179–203
Dostoïevsky 陀思妥耶夫斯基 142

Enfantin　昂方坦　64

Eschyle　埃斯库罗斯　51

Euripide　欧里庇得斯　202

Evagre　伊瓦格里厄斯　103

Ezechiel　以西结　92

Faurisson　弗里松　56-57,61,75

Feuerbach　费尔巴哈　93

Fielding　菲尔丁　110

Figuier　费基耶　65

Flammarion, Camille　弗拉马里翁　65

Flaubert　福楼拜　112,134,149,180-187,190-191,193-195

Fourier　傅立叶　64,65

Genoux　谢罗克斯　123

Hegel　黑格尔　87-88,145,149,158,186,190,196,206

Hölderlin　荷尔德林　52,184

Homère　荷马　47,87,91,100,105

Horace　贺拉斯　132

Huet　胡埃　101-102

Hugo　雨果　74,116

James, Henry　詹姆斯,亨利　95,133,197

James, William　詹姆斯,威廉　186,197

Jean(Saint)　（圣）约翰　9,96,150

Jean-Paul　让－保尔　110,133

Jérémie　耶利米　100

Joyce　乔伊斯　94−95

Kafka　卡夫卡　188−189,197

Kant　康德　27−28

Kermode, Frank　克默德,弗兰克　93−95

Lafayette, Madeleine De　拉法耶特,玛德琳·德　101

Lawrence, David-Herbert　劳伦斯　197

Leopardi　莱奥帕尔迪　36

Levi, Eliphas　列维,埃利法斯　64

Lewis, John　刘易斯,约翰　167,171

Lukacs　卢卡奇　87−89,104

Mâle, Émile　马勒,埃米尔　140

Mallarmé　马拉美　11,71,81−83,124,181

Mandelstam　曼德尔斯塔姆　13,23−24,37−54,177

Marc(Saint)　（圣）马可　89−95,110

Marx　马克思　159−165

Melville　梅尔维尔　179−180,188−192,196−203

Michelet　米什莱　48

Michon, Pierre　米雄,皮埃尔　62−63

Milosz,(Czeslaw)　米沃什,(切斯拉夫)　54

Nietzsche 尼采 201-203

Ovidé 奥维德 46-47
Paul(Saint) (圣)保罗 102-103,181
Perrault, Charles 佩罗,夏尔 77
Pétrone 佩特罗尼乌斯 90
Pindare 品达 18
Platon 柏拉图 11-13,18-19,22,111,125-127,129
Poe 爱伦·坡 66,95,133
Pouchkine 普希金 36,41,47
Proust 普鲁斯特 10,14,137-154,184,187

Rilke 里尔克 46
Rimbaud 兰波 13,55-84
Rousseau 卢梭 174

Saint-Simon, Claude-Henri De 圣西门 65
Sapho 萨福 18
Schelling 谢林 186
Schopenhauer 叔本华 182,189,192
Scribe 斯克里布 65
Searle, John 塞尔,约翰 108
Shelley 雪莱 35-36,38
Smith, Adam 亚当·斯密 160-165,171

Spinoza 斯宾诺莎 100,182

Stendhal 司汤达 140

Sterne 斯特恩 110,133

Tacite 塔西佗 90

Tertullien 特土良 97,102

Tolstoï 托尔斯泰 140

Verlaine 魏尔伦 56,67,73,76

Vico 维柯 100-101

Virgile 维吉尔 59-60,146

Whitehead 怀特海 186

Whitman 惠特曼 197-198

Wordsworth 华兹华斯 12,17-33

Wronski 朗斯基 65

Zola 左拉 116

译后记

  2012 年夏天的一个黄昏，在我刚走出办公室准备回家的时候，陈越先生打电话来，问我能否翻译朗西埃的 *La chair des mots*。因着对陈越先生一贯的崇敬，也因着长期兼着或者说肩着事务性工作而怀着对纯粹学术性工作的渴望，同时也仗着家里有这本书的英文本而自己还算粗浅地读过，再加上当时约定的是两年这样一个宽松的翻译时限，于是我便禀应了下来。但我很快就有些后悔，深感自己的禀应其实是漫应，颇疑心自己在允下这一任务时还处在日间事务的节奏中而没有完全清醒，未对朗西埃的著作及自己的能力作清晰的估量。这本书开头的第二句说："Ce n'est pas le commencement qui est difficile/It is not the beginning that is difficult。"但当试译时，这一 commencement，这一 beginning，这一开头，开头之前的那个导论的标题，标题中的那个多义的 sorties，朗西埃在开头里对于《圣经·约翰福音》的讨论，首先让我体验到的恰恰是困难：我需要先去读《圣经》，读《约翰福音》，读关于《约翰福音》的相关研究的论文。我就在开头里，在导论里，滞留了下来，滞留，一再地滞留，以至于当任洁编辑把翻译合约寄送给我的时候，我有意地不去打开信封，而后打开了又有意不去阅读，再后来阅读了又有意地不去签字，签字了又有意地不去寄回，——何况合约里的期限已被修订为一年。我延宕着,在延宕中几次想给陈越先生打电话或者写信让他另寻译者,但终于没有否决自己承诺的勇气。

不敢否决自己的承诺,那就只好勉力担负着。但是,艰难地越过了导论的"言词的出离",面对的是"从华兹华斯到曼德尔斯塔姆"的长路;绝望地告别了"曼德尔斯塔姆",又遭遇兰波的"躯体与声音"。朗西埃在神学、哲学、政治学、诗学之间的每一步自由的漫游,当我要在中文中来再现的时候,都变成了我的困苦的跋涉。在这样的跋涉中,有很多次,特别是在我所兼着的或者说肩着的事务性工作不断烦扰的情形中,我想起本雅明为了说明什么是忧郁而引述的布朗基的句子:"没有什么比这更为可怜的了:在隔离的状态中生活,在瓶底上辗转踌躇,就像试图寻找出口的蜘蛛。"在我觉得我实在无法忍受这种"隔离的状态"时,尤其在合约规定的翻译时限渐渐逼近时,我试图把这个译本变成一个多人的合译本,我曾邀请丁雄飞、刘卓、王晴来分别翻译本书第二编的第一、二、三章,邀请朱羽、黄锐杰来分别翻译本书第三编的第一、二章。但当翻译的时限最终又开放为两年时,为保持全书概念及语言节奏上的一致,我对第二编的三个章节重新进行了翻译。第三编的两个翻译文本我保留了下来,并由陈越先生邀请吴志峰校对了这一编的第一章。全书最后由我加以统稿。

必须在这里郑重表达一下我的感谢。感谢陈越先生将此书纳入"精神译丛"而向我发出翻译的邀请,感谢他作为丛书主编一再宽宥我的延宕。感谢朱羽、黄锐杰、丁雄飞、刘卓、王晴、吴志峰在翻译上的合作与帮助。

限于译者的水平,以及翻译过程的曲折,译文的错漏或不当之处想必多有，关于这些错漏与不当的责任自然都由我这个主译者与统稿者来承担。虽然这所谓的承担终究不过是一句纸上的空话，它无法预先免除错漏或不当将对读者产生的坏的影响，更无法减少钟爱朗西埃的读者的失望情绪。我期待读者能不吝对这个译本的指正，如果有幸有再版的机会，我期待能借着读者的指正作一次全面的修订；但或许我更应该期待的是更合适的译者、更准确的译本，鲁迅早已说过——"非有复译不可"。

朱　康
2014 年 10 月

值此重印之际，由本书译者和丛书编者对初版中的个别错误和疏漏做了修订，特此说明。

2017 年 2 月

著作权合同登记号:陕版出图字 25-2012-173

图书在版编目(CIP)数据

词语的肉身:书写的政治/(法)朗西埃著;朱康,
朱羽,黄锐杰译.—西安:西北大学出版社,2015.1
(精神译丛/徐晔,陈越主编)
ISBN 978-7-5604-3564-0

I. ①词… II. ①朗… ②朱… ③朱… ④黄…
III. ①政治哲学—研究 IV. ①D0

中国版本图书馆 CIP 数据核字(2015)第 013060 号

词语的肉身:书写的政治
[法]雅克·朗西埃 著
朱康 朱羽 黄锐杰 译

出版发行:西北大学出版社
地 址:西安市太白北路 229 号
邮 编:710069
电 话:029 - 88302590
经 销:全国新华书店
印 装:陕西博文印务有限责任公司
开 本:889 毫米×1194 毫米 1/32
印 张:8.375
字 数:170 千
版 次:2015 年 1 月第 1 版 2020 年 12 月第 3 次印刷
书 号:ISBN 978-7-5604-3564-0
定 价:43.00 元

LA CHAIR DES MOTS

de Jacques Rancière

Copyright © Éditions Galilée 1998

Chinese simplified translation copyright © 2015

by Northwest University Press Co. , Ltd.

ALL RIGHTS RESERVED

精神译丛（加*者为已出品种）

第一辑

- *从莱布尼茨出发的逻辑学的形而上学始基　　海德格尔
- *德国观念论与当前哲学的困境　　海德格尔
- *正常与病态　　康吉莱姆
- *孟德斯鸠：政治与历史　　阿尔都塞
- *论再生产　　阿尔都塞
- *斯宾诺莎与政治　　巴利巴尔
- *词语的肉身：书写的政治　　朗西埃
- *歧义：政治与哲学　　朗西埃
- *例外状态　　阿甘本
- *来临中的共同体　　阿甘本

第二辑

- *海德格尔——贫困时代的思想家　　洛维特
- *政治与历史：从马基雅维利到马克思　　阿尔都塞
- 论哲学　　阿尔都塞
- *赠予死亡　　德里达
- *恶的透明性：关于诸多极端现象的随笔　　鲍德里亚
- *权利的时代　　博比奥
- *民主的未来　　博比奥
- 帝国与民族：1985—2005年重要作品　　查特吉
- *政治社会的世系：后殖民民主研究　　查特吉
- *民族与美学　　柄谷行人

第三辑

*哲学史：从托马斯·阿奎那到康德	海德格尔
试论布莱希特	本雅明
*论拉辛	巴尔特
马基雅维利的孤独	阿尔都塞
写给非哲学家的哲学入门	阿尔都塞
*康德的批判哲学	德勒兹
*无知的教师：智力解放五讲	朗西埃
野蛮的反常：巴鲁赫·斯宾诺莎那里的权力与力量	奈格里
狄俄尼索斯的劳动：对国家形式的批判	哈特 奈格里
免疫体：对生命的保护与否定	埃斯波西托

第四辑

古代哲学的基本概念	海德格尔
黑格尔精神现象学的起源与结构	伊波利特
卢梭讲义	阿尔都塞
野兽与主权者 I	德里达
野兽与主权者 II	德里达
黑格尔或斯宾诺莎	马舍雷
第三人称：生命政治与非人哲学	埃斯波西托
二：政治神学机制与思想的位置	埃斯波西托
领导权与社会主义战略：走向激进的民主政治	拉克劳 穆夫
德勒兹：哲学学徒期	哈特

第五辑

基督教的绝对性与宗教史	特洛尔奇
生命科学史中的意识形态与合理性	康吉莱姆
哲学与政治文集（第一卷）	阿尔都塞
疯癫，语言，文学	福柯
追随斯宾诺莎：关于斯宾诺莎学诸学说与历史的研究	马舍雷
斯宾诺莎《伦理学》导读（卷一·解放之途）	马舍雷
斯宾诺莎《伦理学》导读（卷二·论心灵）	马舍雷
拉帕里斯的真理：语言学、符号学与哲学	佩舍
速度与政治	维利里奥
《狱中札记》新选	葛兰西